hänssler

JOHANNES OSBERGHAUS

# Praxisbuch
# Spiele zur Bibel

- Tausendfüßlerlauf
- Manna sammeln
- Zimmer frei?
- Zeitungsknüller

**Johannes Osberghaus**, Jg. 1932, lebt mit seiner Frau in Wiehl im tätigen Ruhestand. Er hat 5 Töchter und einen Sohn – und inzwischen 7 Enkelkinder!
Bis 1992 war er Leiter des Kinderfunks beim ERF und hat langjährige Erfahrungen in den Bereichen Kinderfreizeiten, Kindertage, Seminare für Mitarbeiter in der Kinderarbeit im In- und Ausland. Nach seiner Tätigkeit als Reisesekretär des Bibellesebunds von 1992-1995 ist er heute als »Springer« beim Bibellesebund im Einsatz.
Seit Juni 2002 wird seine Sendereihe »Kindertreff« bei Radio Luxemburg gesendet.
Johannes Osberghaus ist Autor zahlreicher Bücher.

hänssler-Paperback
Bestell-Nr. 393.705
ISBN 3-7751-3705-X


Internet: www.haenssler.de
E-Mail: info@haenssler.de
Titelfoto: Bildagentur Mauritius
Satz: AbSatz, Klein Nordende
Druck und Bindung: Ebner & Spiegel, Ulm
Printed in Germany

Die Bibelstellen beziehen sich auf die Ausgabe nach Luther 1999.

# Inhalt

## Spiele zu Geschichten aus dem Neuen Testament

# Vorwort

Kinder lernen am besten durch Tun und Erleben. Das wurde mir in den mehr als 50 Jahren Arbeit unter Kindern immer wieder wichtig. Einfache, normale Spiele gehören zum ganzheitlichen Leben eines Kindes und können genauso zu biblischen Wahrheiten leiten, wie Lieder und Erzählungen. Spiele gehören einfach zur normalen Unterweisung in der heutigen Zeit. Spiele führen zuerst einmal zur frohen Gemeinschaft.

Der Sinn, dass gerade dieses Spiel gewählt wurde, sollte während des Spielverlaufs erklärt werden und nicht hinterher. Bei den Spielen sollte man nicht vergessen, dass viele biblische Geschichten von den Kindern auch pantomimisch nachgespielt werden können.

Oft wird ihr Leben durch das Nachspielen der biblischen Personen entscheidend geprägt.

Spiele sind das Lebenselement der Kinder. Darum gehören sie zu unserer Verkündigung. »Gewöhne den Knaben an seinen Weg, so lässt er auch nicht davon, wenn er alt wird« (Sprüche 22, 6).

Dieses Buch »Spiele zur Bibel« für Mitarbieter, die unter Kindern im Alter von 6-12 Jahren arbeiten, ersetzt keine gründliche Exegese des Bibeltextes und auch kein gutes Erzählen der biblischen Geschichten mit entsprechenden visuellen Mitteln. Ebenso sollte man nicht die Ausdrucksübungen nach der Erzählung vernachlässigen.

Bei allen Methoden geht es im Grunde zuerst um eine brennende Liebe zu den uns anvertrauten Kindern. Sie weist uns den Weg, welche der vorgeschlagenen Spiele gerade für sie »dran« ist.

Noch ganz wichtig: Die Sicherheit der Kinder muss bei allen Spielen immer im Vordergrund stehen!

Viele fröhliche und tief gehende Erlebnisse mit »Spiele zur Bibel« wünscht

*Johannes Osberghaus*

P. S.: Die Begriffe »Leiter«, »Spieler« usw. stehen als neutrale Form für beide Geschlechter!

# Spiele zu Geschichten aus dem Alten Testament

## 1. 1. Mose 1-2: Gott schuf Himmel und Erde

### 1/1 Atomspiel

Gott sprach und es geschah. Es bildeten sich Atome.
Die ganze Gruppe läuft ziellos durcheinander. Der Leiter sagt eine Zahl, zum Beispiel »vier« und alle Spieler bilden Kreise zu vier Spielern, die sich anfassen. Spieler, die übrig bleiben, scheiden aus. Wer sind die letzten Zwei, die sich zusammenschließen?

### 1/2 Leben in Finsternis

Einige Spieler bekommen die Augen verbunden und werden mehrmals um sich selbst gedreht. Dann sollen sie geradeaus gehen.
*Material: Tücher*

### 1/3 Erde, Wasser, Luft

Alle sitzen im Kreis. In der Mitte steht ein Spieler mit einem Ball. Er wirft einem anderen Spieler den Ball zu und sagt entweder »Erde«, »Wasser« oder »Luft« und einen Buchstaben des Alphabets. Der den Ball fängt sagt ein Land- oder Wassertier oder einen Vogel mit dem gewünschten Anfangsbuchstaben. Kann er kein entsprechendes Tier nennen oder nennt ein falsches Tier, muss er in die Mitte wechseln. Bei dem Wort »Feuer« wechseln alle die Plätze. Dann kann der Spieler in der Mitte sich schnell auf einen freien Platz setzen und das Spiel beginnt von Neuem.
*Material: Ball*

### 1/4 Tiere malen

Jeder Spieler bekommt vom Leiter leise ein Tier genannt, das er malen darf. Danach werden die Gemälde nacheinander der Gruppe gezeigt und evtl. geraten, um welches Tier es sich handeln soll.
*Material: Papier, Stifte*

### 1/5 Schöpfung betrachten

Wir freuen uns über alles, was Gott geschaffen hat. Wenn möglich gehen wir in einen Park oder einen Garten. Wir sehen genau hin und beschreiben, was Gott geschaffen hat. Dann können wir einteilen, wer für welche Pflanze oder welches Tier Gott anschließend danken möchte.

### 1/6 Gott schenkt uns viele Gaben

Die Kinder schreiben auf einen Zettel fünf Dinge auf, die sie selbst gut und gerne tun. Die Zettel werden eingesammelt und vom Leiter vorgelesen. Die Kinder sollen dann herausfinden, um wen es sich handelt.
*Material: Papier, Stifte*

## 2. 1. Mose 3: Sündenfall

### 2/1 Adam, wo bist du?

Adam und Eva wurden von Gott gerufen: »Wo bist du?«
Alle Spieler bilden einen Kreis. In der Mitte stehen zwei Spieler mit verbundenen Augen. Einer muss den anderen fangen und ruft: »Adam, wo bist du?« – »Hier!«, ruft der andere Spieler und versucht dem Fänger auszuweichen.
*Material: 2 Tücher*

### 2/2 Du kannst dich nicht verstecken

Auch wenn man sich noch so bemüht, etwas zu verbergen: es wird doch sichtbar.

Zwei etwa gleich große Spieler stehen sich gegenüber. Auf ihren Rücken ist ein farbiges Stück Papier befestigt. Jeder versucht die Farbe des Papiers auf dem Rücken des anderen herauszufinden, ohne seine eigene Farbe preiszugeben. Bei diesem Spiel darf man sich natürlich nicht festhalten.
*Material: farbige Zettel, Sicherheitsnadeln zum Befestigen*

### 2/3 Achtung! Grenze beachten!

Wer die Grenze überschreitet, kommt in die Gewalt des anderen Reiches. Entweder gehören wir zu Gottes Reich oder wir stehen unter der Regierunsgewalt Satans.
Im Raum wird durch einen Kreidestrich o. Ä. eine Grenze markiert. Auf einem Schild steht »Halt! Staatsgrenze! Überschreiten verboten!« Auf der einen Seite spielen Kinder Fangen. Auf der anderen Seite warten »Grenzsoldaten« darauf, dass Leute aus Versehen die Grenze überschreiten.
Sie schnappen sich die Grenzübertreter und nehmen sie gefangen. Die Einwände »Ich habe das aus Versehen gemacht – ich habe nicht mehr daran gedacht – ich habe es nicht bewusst gemacht« usw. gelten nicht.
*Material: Schild, Kreide*

### 2/4 Schwarz-weiß-Spiel

Es gibt zwei Machtbereiche in unserer Welt. Der Machtbereich Gottes in dieser Welt und der Machtbereich Satans. Die Frage ist, wer die meisten Menschen in seinem Bereich hat.
Wir markieren zwei gleich große Felder, etwa vier Meter lang. Ein Stück Pappe (A4 oder A5) ist auf der einen Seite schwarz, auf der anderen Seite weiß. In jedem Feld befinden sich die gleiche Anzahl Spieler. Das eine Feld ist der weiße Bereich, das andere der schwarze Teil. Der Leiter wirft die Pappe in die Luft. Landet die Pappe mit der schwarzen Seite nach oben, haben die Spieler im schwarzen Feld das »Schlagrecht« und versuchen im markierten Bereich des weißen Feldes die Spieler abzuschlagen. Wer nach hinten aus dem markierten Bereich läuft, kann nicht mehr abgeschlagen werden. Wer im weißen Bereich von den »schwarzen Spielern« abgeschlagen wurde, begibt

sich in den schwarzen Bereich und spielt dort mit. Landet die Pappe mit der weißen Fläche nach oben, wird entsprechend umgekehrt gespielt. Welche Farbgruppe hat zum Ende des Spieles, das der Leiter bestimmt, die meisten Spieler?
*Material: 1 Stück Pappe mit schwarzer und weißer Seite*

## 3. 1. Mose 4, 1-16: Kain und Abel

### 3/1 Dominosteine

Den bösen Gedanken folgen böse Taten. Dominosteine werden hochkant hintereinander in einer langen Reihe aufgestellt. Ein Kind darf den ersten Stein anstoßen, sodass alle Steine umfallen. Dann können die Spieler erzählen, wie Streit entsteht und eskaliert.
*Material: Dominosteine*

### 3/2 Altar bauen

In zwei Kleingruppen von je zwei oder drei Spielern wird mit der gleichen Anzahl Dominosteine ein Altar gebaut. Wer baut innerhalb einer festgelegten Zeit den höchsten Altar? Wie leicht ist man auf den anderen neidisch?
*Material: Dominosteine, Uhr*

## 4. 1. Mose 6-9: Noah

### 4/1 Arche bauen

Wir bauen mit Kartons (zum Beispiel Bananenkartons) die Arche so groß, dass alle Spieler der Gruppe hineinpassen. Eine Seite hat eine Tür, die man mit zwei weiteren Kartons schließen kann.
*Material: Kartons*

### 4/2 Tierpaare

Der Leiter gibt jeweils zwei Zettel mit dem gleichen Tiernamen aus. Die Spieler verraten nicht, welches Tier sie darstellen werden. Alle Mitspieler sammeln sich am Eingang des Raumes. Auf Kommando des Leiters ahmen alle die Laute ihres Tieres nach und suchen dabei ihren Partner. Dann laufen, hüpfen, fliegen sie lauthals zur Arche (Kartonbau, s. 4/1) und bekommen vom Leiter (Noah) den Platz zugewiesen. Dann kann die Geschichte vom großen Regen erzählt werden.

*Material: Kartons, Zettel mit Tiernamen*

### 4/3 Tierpuzzle

Jede Gruppe bekommt die gleiche Tierpostkarte oder ein Kalenderbild von einem Tier. Sie sind in einzelne Puzzleteile zerschnitten. Welche Gruppe hat zuerst das Puzzle fertig?

*Material: Tierbilder als Puzzle*

### 4/4 Tiere reißen

Jeder Spieler erhält ein größeres Zeitungsblatt und soll aus diesem Blatt ein Tier ausreißen (nicht ausschneiden). Die Kunstwerke können auf ein oder mehrere Fotokartons oder Plakatkartons geklebt werden.

*Material: schwarzer Karton, Klebstoff, Zeitungen*

### 4/5 Holzwürmer suchen

Im Raum sind mehr als hundert kleine braune Wollfäden (ca. fünf Zentimeter) ausgelegt. Sie sollen Holzwürmer darstellen, die die Arche gefährden. Auf ein Signal des Leiters suchen alle Spieler die »Holzwürmer«, damit die Arche nicht undicht wird. Mitarbeiter zählen, wer die meisten Würmer gefunden hat. Man kann auch im Wettbewerb zwischen Jungen und Mädchen die Holzwürmer sammeln.

*Material: mehr als hundert kleine braune Wollfäden (ca. 5 cm)*

### 4/6 Anspiel aus der Zeit Noahs

*Personen:* Geschäftsmann, Sekretärin, Geschäftsfreund

Der Geschäftsmann diktiert seiner Sekretärin einen Brief. Zufällig

legt er seine kostbare Uhr auf den Tisch. Er sieht am Eingang des Raumes einen Besucher, der auf ihn zukommt. Er bezeichnet diesen Besucher als »Brechmittel, Scheusal, Verbrecher«.
Er sagt seiner Sekretärin, dass sie diesen Besucher rauswerfen soll. Er wäre sowieso plötzlich verreist. »Wohin?« »Nach Pusemukel oder wer weiß wohin.« Der Geschäftsmann verschwindet. Der Geschäftsfreund klopft und lässt sich nicht abweisen. Er möchte sich nur kurz ausruhen. Die Sekretärin ist hilflos und geht zum Geschäftsmann, um ihn um Rat zu fragen. – Während dieser Zeit sieht sich der Geschäftsfreund um, entdeckt die Uhr und steckt sie ein.
Die Sekretärin kehrt zurück und sagt, dass ihr Chef ganz überraschend gerade zurückgekehrt ist. Dann folgt eine überaus freundliche Begrüßung: Umarmung usw., »Mein bester Freund – so lange nicht mehr gesehen«. Beide erkundigen sich nach den Geschäften. Sie erzählen sich gegenseitig, dass es da einen Mann gibt, der sehr viel Baumaterial braucht.
Geschäftsfreund: »Er hat schon mal gesagt, ich würde stehlen.« Geschäftsmann: »Und mir sagte er, ich sei nicht ehrlich und Gott würde uns bestrafen! – Wir sind doch die besten Menschen. Gott wird mit uns schon zufrieden sein. Aber wozu braucht er so viel Bauholz?« Die Sekretärin weiß es: »Er baut oben auf seinem Berg ein Schiff.« – Das müssen sie sich ansehen.

## 5. 1. Mose 11, 1-9: Turmbau zu Babel

### 5/1 Stein-Transport

Für den Bau des Turmes werden viele Steine benötigt. Es werden zwei oder mehr Gruppen eingeteilt. Jede Gruppe bekommt die gleiche Anzahl »Steine« (Bauklötze oder Legosteine) und bildet eine Kette, um die »Steine« weiter zu geben. Der Letzte stapelt sie während einer festgelegten Zeit so hoch wie möglich.
*Material: Bauklötze oder Legosteine, Uhr*

### 5/2 Streichholzturm

Jede Gruppe bekommt gleich viele Streichhölzer und eine leere Flasche. Die Aufgabe besteht darin, dass möglichst viele Streichhölzer in kurzer Zeit zu einem hohen Turm auf der Flasche aufgeschichtet werden.

*Material: Flaschen, ausreichend viele Streichhölzer*

### 5/3 Turmbau mit blinden Arbeitern

Es werden Gruppen zu je vier Spielern eingeteilt. Es spielen immer zwei Gruppen gegeneinander. Jede Gruppe verfügt über rund zwanzig größere Kartons. Die vier Spieler einer Gruppe bauen mit verbundenen Augen einen möglichst hohen Turm. Es wird keine Hilfestellung gegeben, auch wenn der Turm umzustürzen droht. Gespielt wird auf Zeit oder bis der Turm einer Gruppe einstürzt. Welcher Turm ist der höchste?

*Material: 40 Kartons, mind. 8 Augenbinden*

## 6. 1. Mose 12, 1-9: Abraham — Berufung und Ausreise

### 6/1 Karawanenreise

Alle gehen auf große Reise. Sie führt durch den Raum, durch das ganze Haus und evtl. auch über den Hof oder durch den Garten. Vorne gehen Abraham, Sara und Lot, dann folgen die Hirten und Tiere (alle Anwesenden). Es geht

a) durch Schluchten – alle kriechen unter Tischen, Bänken oder Stühlen hindurch;
b) über Berge – alle klettern über Stühle, Tische, Bänke;
c) durch Flüsse – alle hüpfen auf einem Bein;
d) über steile Berge – deshalb helfen wir den Tieren, Lasten zu tragen (weiter geht es mit Schubkarrenlauf).

### 6/2 Tausendfüßlerlauf

Auf der Wanderung bleiben wir zusammen. Je zwei Spieler bekommen das rechte Bein mit dem linken Bein des Nachbarn verbunden. Auf Kommando geht es gemeinsam in einer langen Reihe los. Dabei sagen wir alle: »Los gehts, weiter so!«
*Material: Tücher*

### 6/3 Der Umzug

Abraham musste umziehen. Viele von uns haben das schon erlebt. Wichtig ist, dass man immer wieder einen neuen Platz erwischt. Alle sitzen im Kreis. Ein Spieler steht in der Mitte. Er nennt die Namen von zwei oder drei Kindern, die daraufhin schnell die Plätze wechseln müssen. Jetzt hat der Spieler in der Mitte die Chance, sich auf einen leeren Platz zu setzen. Wer keinen Platz findet, nennt erneut Kinder, die die Plätze wechseln müssen. Evtl. können die Kinder erzählen, was sie bei einem Umzug erlebt haben.

## 7. 1. Mose 13,1-13: Streit der Hirten

### 7/1 Futtermangel

Die Hirten von Abraham und Lot hatten Probleme. Es gab für ihre großen Herden zu wenig gute Weideplätze.
Die Spieler sitzen im Kreis. In der Mitte liegt ein Tablett mit einer bestimmten Anzahl Smarties. Die Anzahl der Smarties entspricht der Zahl der anwesenden Spieler weniger einen oder zwei. Der Leiter erzählt von den Problemen, die die Hirten unterwegs hatten. Bei einem zuvor bestimmten Wort, z.B. »Hirte«, »Kamele« oder »Schafe«, greifen sich alle ein Smartie. Folgerichtig bekommen ein oder zwei Kinder nichts. Das Spiel wird öfter wiederholt.
*Material: Tablett mit Smarties*

### 7/2 Streit-Szenen

In drei Gruppen werden Streitsituationen dargestellt. Jede Gruppe erhält einen Zettel mit den Stichworten.

a) Klaudia und Andrea wechseln sich täglich bei der Arbeit in der Küche ab.
Klaudia: »Heute bist du wieder dran. Gestern warst du mit der Schule weg, da musste ich deine ganze Arbeit machen.«
Andrea: »Kommt gar nicht in Frage – dann kommen wir ganz durcheinander, außerdem habe ich schon öfter deine Arbeit gemacht, weil du sie nicht ordentlich gemacht hast.«
Klaudia: »Jetzt fängst du schon wieder damit an. Und wer macht unser Zimmer immer zu einen Saustall? Ganz allein du! ...«
b) Nach dem Mittagessen sagt Mutter zu ihren drei Kindern: »Es tut mir Leid. Wir haben nur noch zwei Eishörnchen in der Kühltruhe. Einigt euch bitte. Wer dieses Mal verzichtet, bekommt beim nächsten Mal, wenn der Eiswagen kommt, ein Extraeis. – Keiner will verzichten ...
c) Am Fahrkartenschalter treffen zwei Personen zur gleichen Zeit ein. Beide brauchen eine Fahrkarte. Der Zweite wird den einlaufenden Zug nicht mehr erreichen. Es entwickelt sich ein Streitgespräch. »Ich war zuerst da.« – »Nein, ich!« – »Mein Zug fährt gleich ab.« – »Meiner auch!« usw. Wer gibt nach?

*Material: Zettel mit Stichworten*

## 8. 1. Mose 14,8-24: Abraham hilft Lot

### 8/1 Zeitungsknüller

Wir helfen uns gegenseitig. Für Zeitungen ist es wichtig, interessante Meldungen als Erste zu bringen. Jeweils vier Spieler bilden ein Reporterteam. Sie erhalten zwei große Doppelblätter einer Tageszeitung. Drei Spieler stehen auf einem der beiden Blätter und umarmen sich. Diese Blätter sind die »Knüller der Woche«. Der Vierte im Team ist der »rasende Reporter«. Dieser breitet das zweite Zeitungsblatt vor den Dreien aus, lässt sie darauf stehen, hebt das erste Zeitungsblatt auf und legt es wieder vor sein Team, das so Stück für Stück weiterkommt. Welche Gruppe kommt zuerst bei der Redaktion an?

Der »Knüller der Woche« darf nicht zerknüllt oder zerrissen abgegeben werden, sonst wird er nicht angenommen.
*Material: Zeitungen*

### 8/2 Münzensammler

Wer wünscht sich nicht, Geld auf der Straße zu finden? Bei diesem Spiel wird es möglich. Jeweils vier oder fünf Spieler schließen sich zu einem »Münzsammlerverein« zusammen. Sie stellen sich in eine Reihe und fassen sich an den Händen. Im Raum legt der Leiter verschiedene Münzen oder andere Gegenstände (Legosteine, Streichhölzer, Büroklammern) an zahlreichen Stellen so aus, dass sie gesehen werden können. Nun betreten alle Teams der »Münzsammlervereine« gleichzeitig den Raum und versuchen, so viele »Münzen« wie möglich einzusammeln. Dabei dürfen sie sich weder loslassen noch miteinander reden. Das Sammeln geschieht lautlos. Jeder Verein hat zwar viele Augen, doch nur zwei Hände. Es gilt damit auszukommen und auf die Signale der Mitspieler zu achten. Am Ende des Spiels werden die Sammelergebnisse verglichen und über die Form der Zusammenarbeit gesprochen.
*Material: Münzen oder Streichhölzer oder Büroklammern oder Legosteine*

## 9. 1. Mose 18-19, 29: Fürbitte Abrahams

### 9/1 Buchstabieren

Folgende Worte werden jeweils von zwei Spielern im Wettbewerb rückwärts buchstabiert: »Fürbitte« – »Gebetsgemeinschaft« – »Gebetserhörung« – »Gottesdienst«.

### 9/2 Berufe raten

Folgende Berufe werden von allen Kindern pantomimisch dargestellt: Fischer, Uhrmacher, Eisverkäufer, Rennfahrer, Bäcker, Imker, Taxifahrer, Tankwart, »Einbrecher«. Vorne stehen zwei Jungen und zwei Mädchen (die Ältesten) und raten, welche Berufe die Kinder

darstellen. Die Berufe sind nacheinander hinter ihnen auf Plakat oder Leinwand zu lesen. Die Anfangsbuchstaben ergeben das Wort »Fuerbitte«.
*Material: Plakat oder Overheadfolie*

### 9/3 Vertiefung

In drei Gruppen sammeln wir Nöte:

a) Welt: Kriege, Hunger, Armut, Krankheiten usw.;
b) Deutschland: Einsame, Arbeitslose, Trauernde, Ausländer, Ängstliche usw.;
c) persönliches Umfeld: Schule, Familie, Singles, Kranke, Klassenarbeiten usw.

Wir schreiben die Nöte auf Steine und legen sie vor ein (vorher aufgestelltes Kreuz). Wir besprechen, wer für welche Not in der anschließenden Gebetsgemeinschaft beten möchte.
*Material: Steine und Filzstifte*

### 9/4 Plakat beschriften

Es gibt ein Fürbitte-Plakat und ein Danke-Plakat. Auf das Fürbitte-Plakat schreiben wir alle Nöte. Auf dem Danke-Plakat sammeln wir in den nächsten Wochen erhörte Gebete.
*Material: 2 Plakate, Stifte*

## 10. 1. Mose 21,1-7; 22: Geburt Isaaks und Abrahams Prüfung

### 10/1 Babyutensilien-Spiel

Es werden ca. zwanzig Utensilien, die mit einem Baby zu tun haben (Flasche, Schnuller usw.) auf den Boden oder ein Tablett gelegt. Die Kinder haben eine Minute Zeit, sich die Gegenstände zu merken. Dann werden diese zugedeckt. Jede Gruppe oder jedes Kind bekommt Zettel und Stift und hat ca. drei Minuten Zeit, die Gegenstände aus der Erinnerung heraus aufzuschreiben.
Wer sich die meisten Gegenstände gemerkt hat, hat gewonnen.
*Material: 15 – 20 verschiedene Babyutensilien, Tablett, Zettel, Stifte*

### 10/2 Kinderwagen-Wettrennen

Ein Kind aus einer Gruppe tritt gegen ein Kind aus einer anderen Gruppe an. Die Kinder verkleiden sich mit Hut, Schirm, Sonnenbrille, Stöckelschuhe usw. und müssen einen Kinderwagen durch einen abgesteckten Parcours schieben. Kommen sie wieder bei ihrer Gruppe an, werden Kinderwagen und Verkleidung weitergegeben. Die Gruppe, die als Erste durch ist, hat gewonnen.
*Material: 2 Kinderwagen, 2 Hüte, 2 Schirme, 2 Sonnenbrillen, 2 Paar Stöckelschuhe*

### 10/3 Baby-Füttern

Zwei Teilnehmer sitzen sich mit Schürze und verbunden Augen gegenüber. Jeder versucht den anderen zu füttern. Gut eignen sich Schokoladen- oder Wackelpudding.
*Material: Pudding, Schürzen, Tücher*

## 11. 1. Mose 25, 24-34: Jakob und Esau

Weil Esau ein Jäger war, gibt es zum Einstieg einige Jägerspiele.

### 11/1 Nachlaufen

Es gibt nur einen Jäger. Alle Kinder können von ihm abgeschlagen werden. Der Abgeschlagene wird zum Jäger. Wiederschlag ist nicht gestattet.

### 11/2 Wechseljagd

Ein Kind mit einer Kappe auf dem Kopf wird vom Jäger gejagt. Wenn es die Kappe einem anderen Kind zuwirft, muss dieses Kind vor dem Jäger weglaufen. Das abgeschlagene Kind wird zum Jäger.
*Material: Kappe*

## 11/3 Jägerball

Der Jäger hat einen Ball. Im Spielfeld laufen alle vor dem Jäger weg. Wer vom Ball getroffen wird, wird zum Jäger.
*Material: Ball*

## 11/4 Geburtstagsball

Alle stehen im Kreis. Je nach Anzahl der Kinder gehen die Spieler, die in den ersten zwei oder drei Monaten des Jahres Geburtstag haben, in den Kreis. Sie werden von den Umstehenden mit einem Ball abgeworfen. Der Letzte ist Monats- bzw. Vierteljahressieger. Dann kommen die weiteren Monate dran. Am Schluss kommen die jeweiligen Sieger in den Kreis. Der Übriggebliebene, der nicht vom Ball getroffen wurde, ist Jahressieger.
*Material: Ball*

## 11/5 Jakob, der Koch

Für seine Linsensuppe braucht Jakob eine ganze Anzahl Linsen. Bei uns sind es Erbsen, die im Staffel-Lauf von zwei Gruppen einzeln von einem Teller zu einem drei bis vier Meter entfernten Teller gebracht werden müssen. Dies geschieht mit Hilfe eines Strohhalms, mit dem die Erbse angesaugt wird. Nach einer bestimmten Zeit werden die Erbsen der beiden Gruppen gezählt. Natürlich beteiligen sich alle am Transportieren und das immer schön nacheinander.
*Material: 4 Teller, Erbsen, Strohhalme*

## 11/6 Die längste Schale

Köche können gut Kartoffeln oder Äpfel schälen.
Jetzt geht es darum, die Kartoffel oder den Apfel in einem Stück zu schälen. Wer hat die längste Schale?
*Material: 2 Messer, 2 Teller, Kartoffeln oder Äpfel*

# 12. 1. Mose 27: Jakobs Betrug und Isaaks Segen

Isaak war blind. Er war sich nicht sicher, wem er den Segen Gottes zusprach – Esau oder Jakob. Als Einstieg eignen sich »Blindenspiele«, bei denen es ums Hören und Betasten geht.

## 12/1 Leute erkennen

Die Kinder sitzen im Kreis. Nachdem einem Kind die Augen verbunden wurden, wechseln alle die Plätze. Dann geht der »Blinde« zu einem Kind und stellt drei Fragen, die in ganzen Sätzen beantwortet werden müssen. Die Antworten können mit verstellter Stimme gegeben werden. Wenn das Kind, das geantwortet hat, erraten wird, werden ihm als nächstes die Augen verbunden.
*Material: Tuch*

## 12/2 Kochlöffelspiel

Der »Blinde« im Kreis bekommt zwei Kochlöffel. Wieder wechseln alle die Plätze. Der »Blinde« versucht durch Betasten mit den Löffeln herauszubekommen, um welche Person es sich handelt. Nach dreimaligen vergeblichen Versuchen darf der »Blinde« die Löffel zur Seite legen und mit seinen Händen tasten. Wird ein Kind erraten, ist es nun an der Reihe »Blinder« zu sein.
*Material: Tuch, 2 große Holzlöffel*

## 12/3 »Segens-Pantomimen« oder Zeichnungen

Jakob wollte unbedingt den Segen Gottes für sich. Dieser enthält unwahrscheinlich viele gute Geschenke Gottes. Welche Geschenke es zum Beispiel sein können, wird pantomimisch oder in Zeichnungen dargestellt.
Es werden zwei Gruppen gebildet. Der Leiter hat für jede Gruppe zehn Zettel vorbereitet. Auf ihnen stehen die Geschenke Gottes, die nun gegenseitig vorgespielt bzw. vorgezeichnet werden. Bei den Pantomimen sollte möglichst die ganze Gruppe beteiligt sein.

*Gruppe A:* Eierspeise, Sonnenbad, Hirtenbrief, Familien-Gottesdienst, Himmelbett, Zitronenfalter, Butterblumen, Kartoffelklöße, Hühnereier, Löwenzähne.
*Gruppe B:* Apfelkuchen, Elternhaus, Suppenwürfel, Sonnenaufgang, Fallobst, Zimmerpflanzen, Kräuterbutter, Blumenstrauß, Obstsalat, Glockenblumen.
Dann folgt ein Gespräch über alles, was zum Segen Gottes gehören kann. Nicht nur sichtbare Dinge!
*Material: Zettel mit Stichworten, evtl. Zeichenblockblätter*

## 13. 1. Mose 25-33: Der Lebensweg Jakobs

### 13/1 Jakobs Leben als Pantomime

Der Lebensweg Jakobs wird in Kleingruppen von je drei oder vier Kindern nach dem Lesen der Bibeltexte s. u. und dem pantomimischen Einüben gegenseitig vorgestellt.
Die Kleingruppen erhalten Zettel mit Bibelabschnitten, die Erlebnisse aus dem Leben Jakobs schildern. Diese werden von den Kindern möglichst pantomimisch mit Hilfe des Mitarbeiters dargestellt.
— 1. Mose 25,29-34: Esau verkauft sein Erstgeburtsrecht
— 1. Mose 27,1-29: Jakob betrügt seinen Vater
— 1. Mose 27,30-41: Reaktion Esaus
— 1. Mose 28,10-29,14: Flucht und Unterkunft bei Laban
— 1. Mose 33,1-16: Versöhnung mit Esau
*Material: Zettel mit Bibeltexten*

# 14. 1. Mose 37, 1-14.18-28: Josef, der Träumer

## 14/1 Steckbrief

Jedes Kind (oder zwei Kinder) erhält einen vom Leiter angefertigten »Steckbrief« von Josef, eine Luther-Bibel und einen Stift. Karten mit Bibelstellen sind im Haus versteckt. Sie dürfen nicht weggenommen werden. Die Kinder sollen die Stellen nachschlagen und die Antwort auf den Steckbrief schreiben.

- Name: 1. Mose 30, 24 = Josef
- Geburtsort: 1. Mose 29, 4 = Haran
- Alter: 1. Mose 37, 2 = 17 Jahre
- Land: 1. Mose 31, 17 = Kanaan
- Name des Vaters: 1. Mose 29, 28 = Jakob
- Name der Mutter: 1. Mose 30, 22 = Rahel
- Anzahl der Brüder: 1. Mose 30, 22 = 11
- Beruf: 1. Mose 37, 2 = Hirte
- Besondere Kennzeichen: 1. Mose 37, 3 = Lieblingssohn; 1. Mose 37, 5.9 = merkwürdige Träume

*Material: Steckbrief-Kopien, Karten mit Bibelstellen, Stifte, Luther-Bibel*

## 14/2 Rock herstellen

In Kleingruppen von zwei bis drei Kindern wird aus Zeitschriftenpapier ein bunter Rock hergestellt.
*Material: Illustrierte oder Reklameblätter, Bindfaden, Tesakrepp, Wäscheklammern*

## 14/3 Träume platzen

Der Leiter erzählt die Geschichte von Josef, in der folgende Worte vorkommen: Elternhaus, Glück, Freude, bunter Rock, der Beste, geehrt, berühmt, tugendhaft, schöner Traum, Lieblingssohn, Festspeise, der Beste, Herrscher usw.

Die einzelnen Worte sind zuvor mit Filzstift auf aufgeblasene Ballons geschrieben worden. In dem Augenblick, in dem der Leiter das Wort erwähnt, setzt sich ein Kind auf den betreffenden Ballon, so dass dieser platzt.
*Material: aufgeblasene, beschriftete Ballons*

## 15. 1. Mose 39; 41: Josef im Gefängnis

### 15/1 Blind vertrauen

Auch in den schweren Jahren der Gefangenschaft vertraute Josef Gott. Josef erlebte, dass Gott ihm beistand und alles gelingen ließ. Im Raum werden viele Gegenstände (Stühle, Bücher, Kleidungsstücke, Besen, Eimer usw.) auf dem Boden verteilt, so dass man kaum durchkommen kann. Einem Kind werden die Augen verbunden, dann wird es von einem anderen Kind so durch das Labyrinth geführt, dass es nirgendwo anstößt. Es vertraut blind seinem Führer. Evtl. kann man bei jeder Berührung einen Minuspunkt geben. Wer hat die wenigsten Minuspunkte?
*Material: viele Gegenstände, Tuch*

### 15/2 Eigenschaften erkennen

Josef erkannte sofort, wenn ein Mitgefangener besonders bedrückt war.
Während ein Spieler den Raum verlassen hat, einigt man sich auf eine Eigenschaft, die von allen dargestellt werden soll, zum Beispiel traurig, verzweifelt, fröhlich, müde usw. Nachdem der Spieler hereingerufen wurde, kann er jedem der Kinder drei Fragen stellen. Die Antworten werden in der vereinbarten Eigenschaft gegeben. Nach der Lösung wird eine weitere Eigenschaft vereinbart, die von allen dargestellt wird, solange ein Kind draußen ist.

## 16. 1. Mose 41: Josef kommt zum Pharao

### 16/1 Ballon rasieren

Als Josef zum Pharao gerufen wurde, ließ er sich die Haare schneiden und zog seine guten Kleider an.

Aufgeblasene Ballons werden dick mit Rasierschaum bestrichen. Dann wird der Rasierschaum mit einen Küchenmesser oder Holzspatel vorsichtig abrasiert.

*Material: Ballons, Rasierschaum, Messer, Holzspatel*

### 16/2 Kleiderwechsel

Der Kleiderwechsel muss schnell durchgeführt werden. Je zwei Kinder ziehen so schnell wie möglich je eine große Hose, einen Anorak, einen Hut und Handschuhe an und ziehen dann alles wieder aus. Dabei müssen sie einen aufgeblasenen Ballon durch Anstoßen in der Luft halten. Geht der Ballon zu Boden, werden drei Sekunden hinzugezählt.

*Material: 2 Hosen, 2 Hüte, 2 Paar Handschuhe, 2 Anoraks,*
*2 Paar Gummistiefel, Luftballons*

## 17. 1. Mose 42: 1. Reise der Brüder Josefs

### 17/1 Körner zählen

Durch die lang anhaltende Dürre schwinden die Vorräte an Getreide. Darum müssen die Vorräte sorgfältig eingeteilt werden.

Wir schätzen, wie viel Körner sich in einem Glas befinden. Wer kommt der Zahl am nächsten? (Der Leiter muss nicht alle Körner vorher zählen. Es genügt, wenn er fünfzig abzählt, diese wiegt und dann mittels der Waage die Anzahl ausrechnet.)

*Material: Glas mit Körnern*

### 17/2 Gepäckauswahl

Auf dieser Reise kann man nur bestimmte Dinge mitnehmen. Es muss eine strenge Auswahl getroffen werden.

Der Leiter beginnt die Runde: »Ich reise nach Ägypten und nehme mit …« Er nennt einen Gegenstand, eine Person oder ein Tier. Allerdings muss das, was er nimmt, mit dem gleichen Buchstaben beginnen wie sein Vorname. Nur wer dieser Regel herausfindet, darf auch mit. Der Spielleiter – und dann auch die, die es herausbekommen haben, geben an, wer mitgehen soll. Der Leiter sollte öfter die Spieler mit ihrem Vornamen anreden.

### 17/3 Sackhüpfen

Wir sind unterwegs nach Ägypten. Die Säcke für das Getreide sind noch leer. Darum können wir sie zum Sackhüpfen verwenden und kommen schneller vorwärts.

*Material: Säcke*

### 17/4 Mumien herstellen

Wir kommen ins Land der Mumien. Welche Kleingruppe (drei oder vier Personen) kann die beste Mumie herstellen? Je ein Spieler wird so gut und so schnell wie möglich mit Toilettenpapier von oben bis unten eingewickelt. Bitte Nase und Mund etwas freihalten!

*Material: Toilettenpapierrollen*

## 18. 1. Mose 43-45: Josef und seine Brüder

### 18/1 Füße erkennen

Josef kannte seine Brüder. Kennen wir unsere Freunde?

Jeweils zwei Kinder gehen vor die Tür. Im Raum wird ein Vorhang mit einer Decke gespannt. Die anderen Kinder verschwinden alle dahinter. Sie ziehen sich Schuhe und Strümpfe aus. Nun wird ein Kind hereingerufen. Ein Mitarbeiter steht ebenfalls hinter dem Vorhang und tippt irgendein Kind an. Dieses steckt dann seinen Fuß

unter dem Vorhang durch. Der Spieler muss raten, um wessen Fuß es sich handelt.
*Material: Decke*

### 18/2 Die richtige Reihenfolge

Josef hat seine Brüder genau nach dem Alter geordnet und sie so an den Tisch gesetzt.
Wir bilden zwei Gruppen. Die Kinder sollen sich in mehreren Runden nach verschiedenen Gesichtspunkten nebeneinander in der richtigen Reihenfolge aufstellen. Welche Gruppe schafft es jeweils am schnellsten?
a) nach der Größe
b) nach Geburtstagsmonaten
c) nach Anzahl der Geschwister
d) Vor- oder Nachnamen (alphabetisch) usw.

### 18/3 Veränderungen spüren

Josef spürte die Veränderung am Verhalten seiner Brüder. Dazu braucht man scharfe Sinne und ein gewisses Feingefühl.
Einer bekommt ein Bild gezeigt, das er mit dem Fingern einem anderen auf den Rücken zeichnet. Dadurch muss der Gegenstand erkannt werden.
Bitte einfache Umrisse verwenden: Haus, Baum, Ente, Eichhörnchen, Schiff usw.

## 19. 2. Mose 2, 1-10: Moses Bewahrung

### 19/1 Puppe verstecken

Zwei Kinder (Mutter und Schwester von Mose) verstecken eine Babypuppe (Mose), die nicht gefunden werden soll. Drei oder vier weitere Kinder verstecken weitere Puppen.
Die übrigen Kinder sind die Soldaten des Pharao, die die Jungen, die gerade geboren worden sind, suchen und finden sollen.
*Material: mehrere Babypuppen*

### 19/2 Verstecken spielen

Ein Fänger versucht alle Kinder, die sich versteckt haben, zu entdecken und abzuschlagen. Wer jedoch zum Leiter laufen kann, ohne dass er abgeschlagen wird, der ist gerettet.
Mose war bei der Prinzessin gerettet.

## 20. 2. Mose 3-4: Moses Berufung

### 20/1 Blindflug und der Sprung

Für Mose war der Auftrag Gottes wie eine Aufforderung zu einem Sprung.
Die Spieler, die gerne einen Blindflug erleben wollen, gehen raus und kommen der Reihe nach mit verbundenen Augen wieder herein. Ihr Flugzeug ist ein Stuhl, der von zwei kräftigen Mitarbeitern hochgehoben wird. Nun geht es hoch. Der Leiter befindet sich vor dem »Flieger« und die Flieger halten sich an dem Leiter fest. Dann geht der Leiter in die Hocke. Es kommen Rechts- und Linkskurven. Die Träger halten den Stuhl immer nur wenige Zentimeter über dem Boden. Es geht, entsprechend der Bewegungen des Leiters, rauf und runter oder schräg. Ein Spieler legt ein Buch auf den Kopf des Fliegers, sodass er glaubt an die Decke zu stoßen. Dann kommt das Flugzeug in Schwierigkeiten und in eine gefährliche Schräglage, so dass der Flieger abspringen muss. Alles geschieht immer nur rund zwanzig Zentimeter über dem Boden.
*Material: Tuch, Buch, Stuhl*

### 20/2 Seil ziehen

Bei dem bekannten Seilziehen stehen sich anfangs nur zwei Kinder gegenüber. Dabei kann einer ruhig stärker sein als der andere. Während des Kampfes stellt sich der Leiter hinter den Schwächeren und hilft ihm, so dass er mit der Kraft des Leiters gewinnt.
Gott ist es, der unsere Kraft im Kampf ist.
*Material: Seil*

### 20/3 Gegenstandslektion — Der feste Stab

Wir formen aus einer Tageszeitung eine Rolle und knicken sie dann nach allen Seiten. Mit der Zeitung kann man alles machen. Dann nehme ich einen langen Schraubenzieher oder einen eisernen Stab und schiebe ihn in die Zeitungsrolle. Jetzt kann die Zeitung nicht mehr zerknüllt werden. Nicht sie ist so stark, sondern das, was in ihr ist. Gott ist unsere Stärke.

*Material: Zeitung, großer Schraubenzieher oder eiserner Stab*

## 21. 2. Mose 7 - 10: Mose gegen Pharao

Immer wieder stehen sich Mose und Pharao gegenüber. Pharao will das Volk nicht ziehen lassen. Hier eignen sich folgende Kampfspiele:

### 21/1 Hocker berühren

Eine Kleingruppe von fünf bis sechs Kindern steht im Kreis um einen Hocker (oder draußen um einen Pfahl). Die Kinder halten sich an den Händen und versuchen, die anderen an den Hocker heranzuziehen ohne ihn selbst zu berühren. Wer ihn berührt, scheidet aus.

*Material: Hocker oder Pfahl*

### 21/2 Grenzkampf

Zwei Mannschaften stehen sich gegenüber und fassen sich an den Händen. In der Mitte des Raumes ist eine Grenzlinie gezogen. Jede Mannschaft versucht ihren jeweiligen Gegner auf ihre Seite zu ziehen. Wer mit beiden Beinen über die Grenze tritt, ist gefangen.

*Material: evtl. Kreide*

### 21/3 Hahnenkampf

Zwei Spieler stehen sich in der Mitte eines Kreidekreises mit verschränkten Armen gegenüber. Sie hüpfen auf einem Bein und versuchen den anderen aus dem Gleichgewicht zu bringen oder aus dem

Kreis zu stoßen. Es darf nicht mit den Ellenbogen, sondern nur mit den Schultern gestoßen werden. Wer aus dem Kreis kommt, hat verloren.
*Material: Kreide*

### 21/4 Tücherraub

Wieder stehen sich zwei Spieler gegenüber. Bei jedem von ihnen ist ein Tuch auf dem Rücken lose am Gürtel bzw. Bund befestigt worden. Jeder will dem anderen das Tuch wegnehmen, ohne sein eigenes zu verlieren. Zum Auftakt des Spiels schlägt der Leiter mit einem Stock auf den Boden. Das Spiel beginnt.
*Material: 2 Tücher*

### 21/5 Die Froschplage

Eine Gruppe (die Ägypter) versucht, ihre gewohnte Arbeit zu verrichten, sie wird jedoch dauernd durch die zweite Gruppe (Frösche) gestört. Einige Ägypter essen, andere lesen, kochen, schlafen usw. Sie kommen nicht dazu, weil sie dauernd durch die quakenden, hüpfenden Frösche gestört werden.

### 21/6 Stechfliegen

Auf das Stockzeichen des Leiters wird eine Gruppe von Kindern von Stechfliegen geplagt. Sie schlagen um sich, um die (unsichtbaren) Stechmücken zu vertreiben. (Kopf zwischen die Arme nehmen etc.) Die Israeliten (restliche Gruppe) sehen zu.

### 21/7 Hagel

Auf das Stockzeichen des Leiters hin flüchten alle Ägypter (Kinder) so schnell wie möglich unter Tische und Stühle. Wer sind die drei Letzten?

### 21/8 Finsternis

Die Gruppe der Ägypter bekommt die Augen verbunden. Dann werden die Stühle im Raum chaotisch kreuz und quer und übereinander gelegt, so dass man kaum durchkommen kann. Jetzt sollen alle den Raum von einer zur anderen Seite durchqueren. Das ist für

die Israeliten (andere Gruppe) kein Problem, sie sehen im Gegensatz zu den Ägyptern die Hindernisse.
(Die zwei Gruppen sollten abwechselnd Ägypter und Israeliten sein.)
*Material: div. Tücher, Stühle*

## 22. 2. Mose 12: Die Befreiung

Bei diesen Spielen soll den Kindern die Vorstellung von Gefangensein und Befreitwerden deutlich gemacht werden.

### 22/1 Fangen in zwei Gruppen

Die Kinder werden in zwei unterschiedlich starke Gruppen eingeteilt. Ein Drittel bildet die Fängergruppe, zwei Drittel die Läufergruppe. Die Läufergruppe bestimmt ein Codewort, das man bei gefährlicher Verfolgung rufen muss. Man setzt sich dann in die Hocke und darf dadurch nicht mehr abgeschlagen werden. Die anderen aus der Läufergruppe dürfen die durch ihr Codewort Hockenden durch einen Schlag befreien. Man kann so lange spielen, bis alle gefangen sind, oder wechselt nach einiger Zeit die Fängergruppe.

### 22/2 Befreiungsspiel

Ein Spieler ist gefangen worden, doch sein Befreier ist schon dabei, den Schlüssel zu stehlen. Der Wächter sitzt mit verbundenen Augen in einem Kreis. Der Schlüssel liegt vor ihm. Ein Spieler versucht sich anzuschleichen. Sobald der Wächter etwas hört, zeigt er in diese Richtung und der Befreier muss dort stehen bleiben. Außerdem darf der Befreier nicht vom Wächter berührt werden. Es können weitere Befreier nacheinander den Versuch unternehmen.
*Material: Tuch, Schlüssel auf Teller*

# 23. 2. Mose 12,34-51: Der Auszug und der weite Weg

## 23/1 B-F-K-Würfel

Wir können uns vorstellen, dass die Israeliten beim Auszug aus Ägypten nicht nur den ungesäuerten Teig in ihren Backschüsseln und den Schmuck der Ägypter mitnahmen. Bestimmt gab es noch viele andere Dinge in ihrem Gepäck.
Die Zahlen eines Würfels sind mit den Buchstaben B – F – K – L – S und R überklebt.
Wir teilen die Kinder in drei oder vier Familiengruppen auf. Der Leiter würfelt. Welche Familie findet die meisten verschiedenen Gegenstände, die mit dem gewürfelten Buchstaben anfangen? Personen wie Beate oder Bruno gelten nicht als Gegenstände, ebenso wenig Eigenschaften wie »blau« oder »bunt«. Achtung! Der Raum darf nicht verlassen werden.
Beim Gongschlag zählen nur die Gegenstände, die keine andere Familie hat.
*Material: überklebter Würfel*

## 23/2 Die Überraschungswanderung

Diese Wanderung kann sowohl draußen als Schnitzeljagd, als auch im Gemeindehaus als Rundgang durchgeführt werden. Bei einer Schnitzeljagd muss der Leiter die ganze Strecke abgehen und Zeichen anbringen (Kreide, Sägemehl oder einfach Zweige). Im Umkreis von wenigen Metern versteckt er einen Briefumschlag, der eine Aufgabe enthält. Ein Kreiszeichen mit einem X zeigt an, dass hier in der Nähe ein Briefumschlag gefunden werden muss. Der Umschlag wird erst dann geöffnet, wenn der Letzte der Wanderer eingetroffen ist. Erst nach Erledigung der Aufgabe dürfen die Reisenden weitergehen. (Evtl. kann auch eine kleine Gruppe Kinder die Zeichen anbringen und die Umschläge verstecken. Von den Umschlägen muss mindestens eine Ecke zu sehen sein. Bei der letzten Botschaft verstecken sich die Kinder im Umkreis von fünfzig oder hundert Metern. Sie müssen nach dem Vorlesen der letzten Aufgabe innerhalb von fünf Minuten gefunden und abgeschlagen werden. (Weglaufen ist nicht mehr erlaubt.)

Beim Rundgang durch das Gemeindehaus sind die versteckten Umschläge mit den Aufgaben nummeriert.

Aus der Fülle vieler Möglichkeiten hier einige Aufgaben, die wir in Verbindung mit der Wüstenwanderung Israels bringen können:

- Eine Wanderung durch den Wüstensand kann sehr mühevoll sein. Darum müssen wir immer wieder trainieren. Auf Anleitung des Längsten unserer Reisegruppe gibt es für alle Frühsport (zum Beispiel Kniebeugen – Hampelmann usw.).
- Die nächsten Schritte hüpfen wir alle auf einem Bein. Das andere ist nämlich eingeschlafen.
- Wichtig ist, dass wir immer zur richtigen Zeit die richtige Kleidung anziehen. Darum werden wir für die weiteren drei Stationen mit verkehrt angezogener Kleidung weitergehen. Anorak oder Pulli von vorne nach hinten und von innen nach außen tauschen, linken und rechten Schuh tauschen.
- Viele sehnen sich nach Ägypten zurück, denn da gab es immer genug zu essen und zu trinken. Die nächsten dreißig Schritte gehen wir alle rückwärts.
- Damit wir schneller vorwärts kommen, gehen wir alle im Krebsgang. Krebse können in alle Richtungen laufen. Sie kreuzen dabei ihre Beine. Wir machen es ebenso und stellen das rechte Bein von hinten links neben das linke Bein oder umgekehrt, das linke Bein von hinten rechts neben das rechte Bein. Jetzt kann die Reise weitergehen, aber bitte vorwärts!
- Wir denken an die Frösche im Nil. Darum hüpfen wir die nächsten 20 Meter laut quakend weiter.
- Zur Aufmunterung pfeift diejenige mit den kürzesten Haaren mit demjenigen mit den längsten Haaren ein Lied.
- Wir kommen zu einer Oase – könnten da nicht auch Elefanten sein? Damit wir alle gelenkig bleiben, fassen wir mit der linken Hand an das rechte Ohr und stecken den rechten Arm ganz hindurch. Nach lautem Trompetengeschmetter singen wir einen Kanon, z. B. »Was mögen das für Bäume sein, wo die großen Elefanten spazieren gehen, ohne sich zu stoßen?« o. Ä.

– Zum Abschluss unserer Wanderung singen die zwei Lautesten der Reisegruppe so laut wie möglich zur gleichen Zeit je ein anderes Lied, z. B. »Hänschen klein« und »Alle meine Entchen«. Nach kurzer Zeit helfen alle nach Belieben mit.

Natürlich kann die Reise auch mit einem frohen geistlichen Lied abgeschlossen werden. Zum Beispiel eignet sich gut das alte Lied: »Nun aufwärts froh den Blick gewandt ...«

## 24. 2. Mose 16: Wachteln und Manna

### 24/1 Manna sammeln

Jeden Morgen sorgte Gott durch das Manna für die notwendige Nahrung. Es musste jeden Tag neu gesammelt werden.

Drei oder vier Familien (Gruppen) sammeln das Manna (Popkorn) mittels Mikadostäbchen und bringen es ins Haus (an ihren Tisch). Jede Gruppe schickt immer nur ein Familienglied zum »Popkornfeld«. Nach einer bestimmten Zeit werden die »Körner« gezählt und natürlich verspeist.

*Material: Popkorn und Mikadostäbchen*

### 24/2 Der Speisezettel

Immer wieder sehnten sich die Israeliten nach Ägypten zurück. Da gab es so gute Früchte.

Leider sind die Buchstaben etwas durcheinander geraten. Im Wettkampf stellen wir fest, wer die meisten Früchte zuerst richtig nennen kann.

Folgende Worte schreiben wir auf Overheadfolie oder Plakat:

1. Bierwantue = Weintraube
2. Giefe = Feige
3. Notklaffer = Kartoffeln
4. Saanan = Ananas
5. Pinselfane = Apfelsine
6. Bersen = Erbsen
7. Anaben = Banane
8. Krenug = Gurken

9. Rosenpaik = Aprikose
10. Violen = Oliven
11. Torneiz = Zitrone
12. Talendt = Datteln
13. Reckihns = Kirschen
14. Sulwans = Walnuss
15. Stechzgnew = Zwetschgen
16. Temonat = Tomaten
17. Spichfir = Pfirsich
18. Laussehns = Haselnuss

*Material: Overheadfolie oder Plakat*

## 25. 2. Mose 32: Das goldene Kalb

### 25/1 Schmuck sammeln

Der goldene Schmuck der Israeliten wurde für das goldene Kalb gebraucht.

Der Leiter bringt vorbereiteten »Schmuck« (Ringe, Hals- und Armbänder, Reifen usw., hergestellt aus Goldfolie) mit.

Zwei Kinder verlassen den Raum, die übrigen Kinder erhalten den Schmuck und bringen ihn an unauffälliger Stelle an ihrer Kleidung an. Dann werden die zwei Kinder hereingerufen. Wer von ihnen findet mehr Schmuck. Er wird auf je einer Schale eingesammelt.

*Material: selbstgefertigter Schmuck aus Goldfolie, 2 Schalen*

### 25/2 Pantomimen — Geldgeschichten der Bibel

Zwei oder drei Gruppen lesen eine biblische Geschichte durch und stellen sie dann pantomimisch den anderen Gruppen vor. Wie wäre es zum Beispiel mit folgenden Geschichten:

– Markus 10,17-22: Der reiche Jüngling;
– Lukas 19,1-10: Zachäus;
– Lukas 12,16-21: Der reiche Kornbauer;
– Josua 7: Achans Diebstahl.

# 26. 4. Mose 13: Rückkehr der Kundschafter

## 26/1 Früchte-Montagsmaler

Die Kundschafter brachten verschiedene Früchte aus Kanaan mit. Zwei Gruppen sitzen je um einen Tisch. Der Leiter hat eine Liste mit verschiedenen Früchten. Von jeder Gruppe geht einer zum Leiter und erfährt von ihm die erste Frucht, die er, ohne etwas zu sagen, seiner Gruppe auf ein Blatt aufzeichnet. Der Erste, der die richtige Frucht nennt, holt sich beim Leiter die nächste Frucht. Bitte leise die Lösung innerhalb der Gruppe sagen, damit die andere Gruppe sie nicht erfährt. Welche Gruppe ist zuerst fertig?
Mögliche Früchte: Weintrauben, Bananen, Nüsse, Äpfel, Kokosnüsse, Erbsen, Erdbeeren, Brombeeren, Zitronen, Waldbeeren, Pfirsiche, Birnen, Kastanien usw.
*Material: Stifte, Papier*

## 26/2 Gerüchte verbreiten

Man kann böse, aber auch gute Gerüchte verbreiten. Oft wird eine Begebenheit übertrieben und letztlich falsch dargestellt.
Vier oder fünf Spieler verlassen den Raum. Der Leiter sagt, was er pantomimisch darstellen wird. Es sollten Begebenheiten mit viel Handlung sein. Zum Beispiel:
- Ein Stierkämpfer nimmt Huldigung entgegen; dann springt er in alle Richtungen und schwenkt die Arme (ohne Tuch); dann folgt der Todesstoß; der Fuß wird auf den Nacken des getöteten Stiers gestellt.
- Elefanten waschen, Zucker geben, streicheln, großflächig weiter waschen, streicheln, am Schluss davonreiten.
- Eiskunstläufer läuft eine Kür.
- einen aufgeregten Lehrer nachahmen usw.

Ein Spieler wird von draußen hereingerufen. Der Leiter zeigt diesem ersten Spieler die ganze Handlung. Dieser wiederum zeigt sie dem zweiten Spieler, der hereingerufen wird usw. Am Schluss sagt jeder Spieler, wen und was er meint, dargestellt zu haben.

## 27. 4. Mose 21, 4-10: Die eherne Schlange

### 27/1 Rote Schlangen finden

Im Lager der Israeliten gab es plötzlich viele rote Schlangen.
Vor Beginn der Stunde hat der Leiter viele kleine rote Fäden ausgelegt. Auf seinen Hinweis hin werden sie von den Kindern gesammelt. Wer findet die meisten Fäden?
*Material: viele rote Fäden (ca. 5 cm lang)*

### 27/2 Schlangen töten

Jedes Kind hat an seiner Hüfte einen roten Kreppstreifen, der so lang ist, dass er noch zwanzig Zentimeter über den Boden schleift. Auf Kommando versuchen alle Kinder, die Streifen der anderen abzutreten, ohne dass der eigene Streifen verloren geht. Wer bleibt am Schluss übrig? Kinder ohne Streifen scheiden aus.
*Material: rote Krepp-Papierstreifen*

## 28. Josua 1, 1-9: Josuas Berufung

Von einem Leiter oder Anführer werden bestimmte Fähigkeiten erwartet. Josua wurde von Gott berufen und begabt.

### 28/1 Wecker suchen

Wichtig ist, dass wir hören, was gerade dran ist.
Im Raum ist ein Wecker versteckt. Zwei oder drei Kindern werden die Augen verbunden. Wer findet den Wecker am schnellsten?
*Material: Wecker, Tücher*

### 28/2 Leiter durchs Labyrinth

Ein Mitarbeiter leitet ein Kind, das die Augen verbunden hat, mittels Zurufe durch ein Labyrinth. Beim nächsten Wettbewerb wird der Kurs verändert. Es geht nicht um die schnellste Zeit, sondern darum, dass der Weg ohne irgendwo anzustoßen, bewältigt wird.
*Material: Tuch, Gegenstände wie Stühle, Liederbücher usw.*

### 28/3 Das richtige Maß

Ein Anführer muss wissen, wie weit er gehen kann, ohne dass das Maß überläuft.
Mit verbunden Augen füllt ein Kind ein Glas, dass in einer Schüssel etc. steht, mit Wasser, ohne dass es überläuft. Wer schenkt die größte Menge ein, ohne dass das Gefäß überläuft?
*Material: Glas, Krug, Wasser, Schüssel, Tuch*

## 29. Josua 2: Kundschafter in Jericho

### 29/1 Spione suchen

Alle Kinder gehen im Raum umher. Bei zwei Kindern befindet sich etwas verdeckt ein roter Faden (am Handgelenk, als Schuhriemen, einfach am Pulli usw.). Es wird gesagt, dass sich zwei Spione im Raum befinden. Sie tragen die gleichen Kennzeichen. Wer sie entdeckt hat, setzt sich hin. Zum Schluss gehen nur noch die beiden Spione im Raum umher.
*Material: Fäden oder Schuhsenkel oder gleicher Schmuck usw.*

### 29/2 Spione werden gejagt (Katze und Maus)

Die Kinder fassen sich an den Händen und gehen oder stehen im Kreis. Zwei Kinder sind die Spione, die von einem Verfolger gejagt werden. Der Verfolger kann nur durch ein oder zwei Tore, die zuvor festgelegt wurden, aus und in den Kreis laufen. Die beiden Spione werden überall durchgelassen (Arme anheben). Dauert die Verfolgungsjagd zu lange, werden zwei Jäger eingesetzt.

### 29/3 Verstecken mit Befreiungspunkt

Der Ort, an dem der Jäger losgeht, um die Spione zu suchen und abzuschlagen, ist der »Befreiungspunkt«. Wenn die Spione diesen Ort, ohne abgeschlagen zu werden, erreichen, sind sie in Sicherheit.

## 30. Josua 3-4: Über den Jordan

### 30/1 Der Steinweg

Wir bilden zwei Gruppen. Auf dem Boden liegen gleich viele Pappstücke oder Zeitungsbogen quer durch den Raum. Weil der Boden neben den »Steinen« so schlüpfrig ist, gehen wir alle nur über die »Steine« zum anderen Ufer. Wer neben einen »Stein« tritt, muss neu anfangen. Erst wenn der Erste drüben angekommen ist, folgt der Nächste. Welche Gruppe ist zuerst drüben?

*Material: Pappstücke oder Zeitungsbogen*

### 30/2 Gepäckwanderung

Auf dem Weg durch das Flussbett wird viel Gepäck mitgeschleppt.

Wieder geht es in zwei Gruppen über die »Steine« (s. o.). Dieses Mal balancieren wir auf jeder Hand mindestens sechs Liederbücher (Anzahl variieren). Sie dürfen nicht in den nassen Schlamm fallen. Evtl. müssen in einer weiteren Runde die Jüngsten von den Ältesten zusätzlich huckepack getragen werden?

*Material: Pappstücke oder Zeitungsbogen, Liederbücher*

## 31. Josua 6: Einnahme Jerichos

Das Volk Israel musste eine Woche lang jeden Tag einmal um die Stadt Jericho gehen. Deshalb machen wir heute mehrere Hindernisläufe in zwei Gruppen.

### 31/1 Schubkarrenrennen

Ein Spieler lässt seinen Mitspieler im »Schubkarrengang« gehen. An der Wendemarke werden die Rollen getauscht. Wenn das erste Paar wieder am Start/Ziel ist, startet das nächste Paar.

### 31/2 Spiegellauf

Für jede Gruppe braucht man einen Handspiegel. Auf der Strecke sind Hindernisse aufgebaut (Stühle, leere Flaschen, Liederbücher), die nicht berührt werden dürfen. Die Kinder dürfen nur rückwärts gehen, sich nicht umschauen und nur den Spiegel als Hilfsmittel benutzen. Wird ein Gegenstand berührt, muss der Spieler fünf Sekunden Strafpause einlegen, ehe er weitergehen darf.
*Material: 2 Handspiegel, Flaschen, Liederbücher, Stühle*

### 31/3 Hindernislauf

Der erste Spieler startet den Lauf auf allen Vieren. In der Mitte der Strecke steht ein Stuhl. Über diesen muss er drübersteigen. Dann läuft er auf beiden Beinen zu einem Eimer. Aus ca. zwei Meter Entfernung muss er Tischtennisbälle in den Eimer werfen. Er darf erst weiterlaufen, wenn er mindestens drei Bälle hineingeworfen hat. Am Zielpunkt bläst er einen Luftballon auf und setzt sich dann darauf, so dass er platzt. Der Knall des Ballons ist das Startsignal für den nächsten Läufer der Gruppe. Welche Gruppe gewinnt?
*Material: Luftballons, Eimer, Tischtennisbälle, Stuhl*

## 32. Josua 7-8: Achan und Ai

Die Schätze Jerichos gehörten Gott. Achan hatte einige wertvolle Sachen genommen und vergraben. Wir müssen herausbekommen, wer was gestohlen hat. Der Dieb und auch das Diebesgut sind nicht weit weg.

### 32/1 Pfeife suchen

Einige Kinder, die eine Pfeife suchen wollen, verlassen den Raum und kommen nacheinander einzeln herein. Die übrigen Kinder sitzen im Kreis. Die Pfeife befindet sich an einem Band, das an dem Rücken des Leiters befestigt ist. Der Leiter geht, während das Kind die Pfeife sucht, im Kreis herum, so dass die Kinder im Kreis Gelegenheit haben, die Pfeife zu benutzen.
*Material: Pfeife am Band, Sicherheitsnadel*

### 32/2 Schätze suchen

Vor Beginn der Stunde sind die Gegenstände, die Achan gestohlen hat – Mantel, Goldbarren (Stab mit Goldfolie umwickelt), Beutel mit Kleingeld –, im Raum gut versteckt worden. Wer findet sie?
*Material: Mantel, Stab mit Goldfolie umwickelt, Beutel mit Münzen*

## 33. Richter 4-5: Debora und Barak

### 33/1 Der ungleiche Kampf

Drei Viertel der Gruppe sind Fänger, ein Viertel der Gruppe wird von ihnen gejagt. Wer abgeschlagen wird, hockt sich hin. Wenn die Meisten abgeschlagen sind, erscheint der Leiter mit den Ruf: »Gott ist unser Heil.« In diesem Augenblick können die Fänger nur noch mühsam einen Fuß direkt vor den anderen setzen. Rennen ist ihnen nicht mehr möglich. Die Abgeschlagenen können dagegen schnell rennen und die anderen ihrer Gruppe »freischlagen«.

### 33/2 Die Vertrauensprobe

Ein Spieler stellt sich mit verbundenen Augen auf einen Stuhl oder Tisch. Auf Zuruf lässt er sich in die Arme des Leiters fallen (nur für jüngere Kinder geeignet). Achtung: Jeder kann, keiner muss mitmachen!

### 33/3 Pantomimen mit Botschaft

Die unten stehenden Berufe oder Tätigkeiten werden einer Gruppe auf Overheadfolie oder Plakat nacheinander gezeigt. Mit Blickrichtung zur Gruppe stehen einige Beobachter (drei Mädchen, drei Jungen) und raten, was die ganze Gruppe pantomimisch darstellt: Gärtner, Orgelspieler, Taucher, Taxifahrer, Imker, Schuhmacher, telefonieren, melken, einbrechen, impfen, Notarzt, Eisverkäufer, Schäfer, Toilettenmann/frau, Anstreicher, einmachen, Rasieren, Krankenschwester, Eiskunstläufer.

Die Anfangsbuchstaben ergeben den wichtigen Satz: »Gott ist meine Stärke.«

*Material: Plakat oder Overheadfolie*

## 34. Richter 6: Gideons Berufung

Gott rief Gideon in seinen Dienst und Gideon stellt Gott sein Leben zur Verfügung. Dazu gehören Augen, Ohren, Hände und Füße, eben alles – unser ganzes Herz.

### 34/1 Blinzeln

Es kann sein, dass Gott uns an einem anderen Ort haben will. Darum achten wir ganz besonders auf ein Zeichen.

Bei unserem Spiel stehen die Kinder jeweils zu Zweit hintereinander im Kreis. Nur ein Kind steht allein. Es blinzelt einem Kind, das im inneren Kreis steht, zu, damit es zu ihm läuft. Derjenige, der hinter dem Kind steht, dem zugeblinzelt wurde, verhindert das, indem er seinen Partner festhält. Grundsätzlich hat er jedoch seine beiden Hände hinter seinem Rücken verschränkt. Er muss also sehr wachsam sein, wenn er nicht allein dastehen will. Wenn er seinen Partner verliert, versucht er durch Blinzeln einen neuen Partner zu bekommen.

### 34/2 Richtig hinhören und die Botschaft verstehen

Zwei Spieler verlassen den Raum. Auf die Melodie »O du lieber Augustin« singen wir das Wort »Gideon«. Dabei singen drei Gruppen zur gleichen Zeit nur eine Silbe.
1. Gruppe: gi gi gi gi gi ...; 2. Gruppe: de de de de de ...; 3. Gruppe: on on on on on ... Nach dem Einüben werden die beiden Spieler hereingerufen. Sie sollen während des Singens das Wort bzw. den Namen herausfinden und schon während des Singens laut sagen, damit man erkennen kann, wer der Erste ist. Andere geeignete Worte: Apotheke – Lokomotive (natürlich hier in vier Gruppen) usw.
Wichtig ist, dass man beim Hören der Botschaft alles richtig einordnet: das, was vorher im Bibeltext steht, was danach passiert, was die Hauptbotschaft ist.

### 34/3 Abtasten

Unsere Hände gehören Gott. Wir können so viel mit ihnen tun, zum Beispiel »abtasten«. Jeweils zwei Spieler betasten mit verbunden Augen die gleichen Gegenstände. Wer erkennt die meisten Gegenstände? (Geeignete Gegenstände: Schwamm, Seife, Büroklammer, Geldstück, Bonbons, Knopf usw.)
*Material: 2 Tücher, verschiedene Gegenstände*

### 34/4 Schnellsprechsatz

Weil unser Mund Gott gehört, wollen wir die Botschaft deutlich und schnell weitersagen.
Wir sprechen so schnell wie möglich folgenden Satz: »Der Potsdamer Postkutscher und der Kottbusser Postkutscher putzen zusammen den Potsdamer und den Kottbusser Postkutschkasten. Den Potsdamer und den Kottbusser Postkutschkasten putzen zusammen der Potsdamer und der Kottbusser Postkutscher.« Na, wer kommt ohne Versprecher durch?

### 34/5 Trippel-Staffel

Wir sollen die Botschaft weiterbringen.
Wir bilden Gruppen von je vier bis sechs Kindern, von denen der erste Spieler ein Blatt Papier, auf dem ein wichtiger Bibelvers steht,

zwischen seine Beine klemmt. Nun muss er auf Zehenspitzen eine bestimmte Strecke trippeln. Dann kommt der zweite Läufer dran usw. Die Gruppe, die zuerst die Strecke hinter sich gebracht hat, hat gewonnen.
*Variante:* Es muss ein Tischtennis-Ball zwischen den Knien transportiert werden.
*Material: Zettel mit Bibelvers oder Tischtennis-Bälle*

## 35. Richter 7: Gideons Kampf

Die Israeliten mussten in den Kampf gegen ihre Feinde ziehen, deshalb zwei lebhafte »Kampfspiele«.

### 35/1 Papierstreifen fangen

Jedes Kind steckt sich einen Papierstreifen hinten an die Hose oder befestigt ihn mit einer Sicherheitsnadel an der Kleidung und zwar so, dass das Stück, das zu greifen ist, bei allen Kinder gleich lang ist. Die Kinder versuchen nun, sich gegenseitig den Papierstreifen abzunehmen. Wem der Streifen abgenommen wurde, der geht zum Leiter, von dem er einen neuen Streifen bekommt. Wer einen Streifen erwischt hat, muss ihn zuerst zum Leiter bringen, der dafür jeweils einen Punkt für das Kind notiert. Dann erst darf das Kind weiter Streifen fangen. Wer hat die meisten Papierstreifen ergattert?
*Material: Papierstreifen, Sicherheitsnadeln, Notizblatt*

### 35/2 Kaninchenjagd

Zwei Spieler sind die Jäger, die anderen die Kaninchen bzw. die Kinder. Alle Kinder verteilen sich auf dem Spielfeld. Jedes Kind sitzt auf einem Kissen oder in einem Reifen. Den Jägern werden die Augen verbunden, nachdem sie sich die Sitzordnung eingeprägt haben. Sie versuchen nun, die Kaninchen (Kinder) abzuschlagen. Diese dürfen ihren Platz nicht verlassen. Sie dürfen sich aber recht klein machen

oder sich flach hinlegen. Sie brauchen nur mit einer Hand am Kissen oder am Reifen zu bleiben.
*Material: Kissen oder Reifen, 2 Tücher*

## 36. Richter 13 - 15: Simson

Wir machen Spiele zum Thema »Kraft«.

### 36/1 Sitzspiel

Wer schafft es am längsten, ohne Stuhl in Sitzhaltung zu bleiben? Dazu lehnt man sich mit dem Rücken an eine Wand und geht in Sitzposition. Die Beine müssen geschlossen bleiben und die Fußsohlen müssen ganz auf dem Boden stehen.

### 36/2 Armdrücken

Zwei Spieler sitzen sich an einem Tisch gegenüber, stützen den angewinkelten Arm auf den Ellbogen und reichen einander die rechte Hand. Auf Kommando versuchen sie, den Arm des Gegners wegzudrücken.

### 36/3 Drängeln

Die Kinder fassen sich an den Händen und bilden einen Kreis. Innerhalb des Kreises sind leere Pappbecher aufgestellt. Jeder versucht nun die anderen über die Pappbecher zu ziehen. Wer einen Pappbecher berührt oder umstößt, scheidet aus. Wer bleibt am Schluss übrig?
*Variante:* Wenn man draußen spielt, kann man einen Stock in die Erde stecken. Die Spieler stehen im Kreis um den Stock. Jeder, der ihn berührt, scheidet aus.
*Material: Stock oder Pappbecher, evtl. auch einfacher Schemel ohne Lehne*

# 37. Richter 16: Simsons Ende

### 37/1 Halt! Kehrt! Marsch!

Umkehr ist immer möglich!
Alle Kinder laufen auf Kommando »Marsch« in eine Richtung. Dann folgt der Befehl »Halt« – alle bleiben stehen. Dann folgt der Befehl »Kehrt!« – alle drehen sich um und dann folgt das Kommando »Marsch!« und alle gehen in die neue Richtung.

### 37/2 Grenzkampf

An einer Linie stehen sich zwei Parteien gegenüber. Fünf Meter hinter der Grenzlinie ist auf jeder Seite ein abgestecktes Gefängnis von zweimal zwei Meter für die Gefangenen. Die Parteien versuchen, sich gegenseitig auf ihre Seite zu ziehen. Ist einer mit beiden Füßen auf die Gegnerseite gezogen worden, kommt er ins Gefängnis.
*Variante:* Gelingt es einem Spieler ungeschlagen ins gegnerische Gefängnis zu kommen, sind er und alle Gefangenen frei.

# 38. 1. Samuel 1-2, 10: Samuels Geburt

### 38/1 Stille Post

Wenn wir mit Gott reden, dann ist es wichtig, dass wir gut zuhören, damit wir auch verstehen, was er uns sagen möchte.
Alle Spieler sitzen im Kreis. Einer fängt an und flüstert seinem Nachbarn eine Botschaft ins Ohr. Dieser flüstert sie seinem Nebenmann weiter. Das geht so lange, bis die Botschaft am Ende angekommen ist. Der Letzte sagt dann das laut, was er verstanden hat.

### 38/2 Rückenmalen

Gott versteht uns, wenn wir mit ihm reden, auch dann, wenn wir vielleicht undeutlich sprechen oder stottern oder nur in Gedanken mit ihm reden.
Die Kinder finden sich in Vierergruppen zusammen und stellen sich hintereinander auf. Der Spielleiter zeigt den jeweils Letzten aus der Gruppe einen Zettel, auf dem ein Gegenstand steht, den man gut zeichnen kann. Diesen Gegenstand sollen sie ihrem Vordermann mit dem Finger auf den Rücken malen. Dieser zeichnet das, was er wahrgenommen hat, wiederum seinem Vordermann auf den Rücken, bis das »Bild« beim ersten Spieler angekommen ist. Dieser malt das Bild auf einen Papierbogen.
*Material: Zettel, Papier, Stifte*

## 39. 1. Samuel 2,12-3,21: Samuels Berufung

### 39/1 Münzen suchen

Um Gott zu hören und zu verstehen, musste Samuel gut hinhören.
Ein Spieler (Sucher) geht in eine Ecke des Raumes. Die anderen Spieler sitzen im Kreis um einen Tisch. Sie geben unter dem Tisch ein Geldstück weiter. Der Sucher ruft: »Hände hoch!« Alle Hände gehen daraufhin zur Faust geballt in die Höhe. Der Sucher darf nun aus seiner Ecke herauskommen. Jetzt gibt er das nächste Kommando: »Hände auf den Tisch!«, wobei alle Hände flach auf den Tisch geklatscht werden müssen. Dabei sollte man natürlich nicht hören, bei wem das Geldstück unter der Hand versteckt ist. Der Sucher muss gut hinhören, um herauszufinden, unter welcher Hand das Geldstück steckt. Er hat drei Versuche, es zu finden. Findet er es nicht, beginnt das Spiel von vorn. Findet er es, dann ist das Kind, das das Geldstück hatte, als Sucher an der Reihe.
*Material: Münze*

### 39/2 Geräusche erkennen

Mehreren Kindern werden die Augen verbunden. Dann erzeugt man verschiedene Geräusche. Die »blinden Kinder« müssen nun sagen, welche Geräusche sie hören. Wer am schnellsten antwortet, bekommt einen Punkt.
Geräusche: Papier rascheln, Wasser einschenken, Fahrradklingel betätigen, Hupe, Gurgeln, klopfen, stampfen, klatschen, Streichholzschachtel zerdrücken, Zeitung zerreißen, Tischtennis-Ball im Joghurt-Becher herumwirbeln, Glas mit Gabel kratzen, zwei Frühstücksbrettchen aufeinander schlagen usw.
*Material: siehe Geräusche*

### 39/3 Stimme erkennen

Einem Kind werden die Augen verbunden. Alle anderen Kinder tauschen ihre Plätze. Dann zeigt der Leiter auf ein Kind. Dieses Kind ruft mit verstellter Stimme »halli, hallo«. Das »blinde« Kind muss herausfinden, wessen Stimme es war.
*Material: Tuch*

## 40. 1. Samuel 8-10: Sauls Berufung

### 40/1 Festschmaus

Der König ist gefunden. Grund zum Feiern.
Als Festschmaus gibt es Zwieback oder Butterkekse. Je zwei Kinder bekommen einen Zwieback oder Butterkeks und sollen diesen so schnell wie möglich essen. Wenn der letzte Bissen heruntergeschluckt ist, pfeifen sie die Melodie »Wir haben Hunger, Hunger, Hunger, haben Hunger, Hunger, Hunger, haben Durst.« (Achtung! Krümelflug! Dieses Spiel ist auch als Gruppenspiel möglich.)
*Material: Zwieback oder Butterkekse*

### 40/2 Pantomimen raten

Begriffe und Gegenstände aus dem Umfeld der biblischen Geschichte werden pantomimisch dargestellt. Der Leiter zeigt jeweils einem Kind den Begriff auf einem Zettel. Wer es herausbekommt, darf den nächsten Begriff darstellen. Zum Beispiel: König, Richter, pflügen, Salben mischen, Esel, Schafe, Festmahl, Flöte spielen usw.
*Material: beschriftete Zettel*

### 40/3 Montagsmaler

Dieses Mal verwenden wir ebenfalls Begriffe aus der Geschichte. Wir bilden zwei bis vier Gruppen. Von jeder Gruppe kommt jeweils ein Teilnehmer zum Leiter, der beiden einen Begriff, den er auf einen Zettel geschrieben hat, zeigt. Die Teilnehmer gehen zu ihrer Gruppe zurück und zeichnen den Begriff ohne Erklärungen abzugeben. Sobald einer aus der Gruppe das Gezeichnete erraten hat (bitte im Flüsterton sagen, damit die anderen Gruppen es nicht hören!), geht dieser zum Leiter und erhält dort den nächsten Begriff. Welche Gruppe ist am schnellsten fertig?
*Material: Papier, Stifte*

### 40/4 Papier reißen

Dieses Mal werden die Begriffe weder pantomimisch dargestellt, noch gemalt, sondern aus Zeitungspapier ausgerissen. Es können auch Begriffe aus dem Leben eines Königs gewählt werden (Pferde, Kutsche, Thron, Zepter, Schloss usw.). Alles wird auf schwarzen Plakatkarton oder Fotokarton geklebt.
*Material: Zeitungen, schwarzer Karton, Klebstoff*

### 40/5 »König, wie weit darf ich reisen?«

Alle Kinder stehen nebeneinander auf einer Linie an einem Ende des Raumes. Am anderen Ende des Raumes steht ein Kind (König) mit dem Gesicht zur Wand.
Nacheinander fragen die Kinder den König: »König, wie weit darf ich reisen?« Jedem einzelnen Kind gibt der König daraufhin eine Antwort, zum Beispiel:

– Zwei Gänsefüße nach vorne: Kind darf zwei Gänsefüße vorwärts watscheln, dann muss es wieder stehen bleiben.
– Zwei Froschsprünge nach vorn: Das Kind darf zweimal nach vorn springen, dann stehen bleiben.
– Vier Elefantenschritte nach vorn: Das Kind darf vier große Schritte nach vorn gehen.
– Sechs Mäuseschritte nach hinten: Das Kind muss sechs kleine Schritte nach hinten tippeln.

Das Kind, das als Erstes die Wand beim König erreicht, wird der neue König.

Die Kinder werden bei diesem Spiel schnell merken, dass es nicht nur Vorteile, sondern auch Nachteile mit sich bringt, wenn man nur machen darf, was der König sagt. Manchmal darf man nur kleine Schritte nach vorn machen, muss vielleicht sogar rückwärts gehen, während andere große Schritte nach vorn machen dürfen.

## 41. 1. Samuel 15: Sauls Verwerfung

### 41/1 Hören und Gehen

Saul sollte genau hören und das tun, was Gott ihm sagte.

Der Leiter hat vor der Stunde für jedes Kind Süßigkeiten versteckt. Jedes Kind darf nun genau nach Anweisung des Leiters mit verbundenen Augen sein Geschenk suchen. Die anderen Kinder geben falsche Hinweise. Es kommt darauf an, dass man auf die Stimme des Leiters hört und seinen Anweisungen folgt.

*Material: div. Süßigkeiten mit Namensschild*

### 41/2 Genau hinhören

Die Kinder sitzen im Kreis. Der Leiter sagt: »Also, der Mond ist rund, er hat zwei Augen, Nas' und Mund.« Gleichzeitig malt er mit seinen Händen in der Luft ein Mondgesicht. Ein Kind nach dem anderen soll diesen Spruch in richtiger Weise wiederholen. Die Spieler lösen das Rätsel aber nur richtig, wenn sie »also« vor dem Spruch sagen. Das Spiel dauert so lange, bis mehrere Kinder das Rätsel gelöst haben.

## 42. 1. Samuel 17: David und Goliat

### 42/1 Hindernislauf

David stellte fest, dass er in der Rüstung Sauls nicht kämpfen konnte. Wir machen einen Hindernislauf (über Stühle, unter Tische, rückwärts gehen, auf einem Bein hüpfen usw.). Dabei muss jeder Läufer eine Rüstung anziehen und hinterher wieder ablegen. Als Rüstung dienen große Stiefel, eine besonders große Hose, Mantel, Helm oder Hut.

*Material: siehe Rüstung*

### 42/2 Schleuderball

David benutzte eine Wurfschleuder und besiegte den Riesen Goliat. Unsere Wurfschleuder besteht aus einem längeren Kniestrumpf und einem Tennisball. Der Ball kommt in den Strumpf, der Strumpf wird verknotet und fertig ist der Schleuderball. Jetzt auf zur nächsten Wiese oder zum Park, wo der Leiter als Goliat getroffen werden soll. Natürlich darf er ihn abfangen, indem er den Schleuderball am Schweif packt. Wenn mehrere Schleuderbälle durch die Luft segeln, sollte jeder Werfer seinen Partner haben, mit dem er die Bälle wechselt.

*Variante:* Falls keine Wiese vorhanden ist oder falls es regnet, begnügen wir uns mit Zielwerfen. Dafür genügen zehn leere Getränkedosen, die in einem zwei bis drei Meter entfernten Eimer geworfen werden sollen. Jeder Spieler hat zwei Würfe. Jeder gelungene Wurf gibt einen Punkt.

*Material: Wurfschleuder (Strumpf, Tennisball), Eimer, Getränkedosen*

# 43. 1. Samuel 18-20: David und Jonatan

## 43/1 Treffpunkt finden

Obwohl David und Jonatan öfter getrennt wurden, fanden sie sich immer wieder.

Zwei Kinder stehen sich mit verbundenen Augen gegenüber. Sie halten ihre Hände hoch und berühren sich mit ihren Handflächen. Dann drehen sie sich dreimal um sich selbst und versuchen, die Handflächen des anderen wieder zu finden.

*Material: 2 Tücher*

## 43/2 Gemeinsam aufstehen

David und Jonatan hielten fest zueinander.

Zwei Kinder sitzen Rücken an Rücken auf dem Boden. Sie haken ihre Arme ein und versuchen aufzustehen. Nachdem das gelungen ist, kann sich ein dritter Teilnehmer anschließen, dann noch einer usw. Wichtig ist, dass man dicht nebeneinander sitzt und zur gleichen Zeit aufsteht.

*Verschärfte Variante:* Man hakt die Arme nicht ineinander, sondern streckt sie nach vorne aus und hält eventuell einen Plastikbecher mit Wasser in der Hand.

*Material: evtl. Plastikbecher, Wasser*

## 43/3 Gemeinsam treffen

Jeweils zwei Paare versuchen, ihre drei leeren Getränkedosen in einen zwei bis drei Meter entfernten Eimer zu werfen. Dem Werfer sind allerdings die Augen verbunden. Er wirft auf Anweisung seines Partners. Jeder gelungene Wurf gibt einen Punkt.

*Material: Eimer, leere Getränkedosen*

# 44. 1. Samuel 24: David auf der Flucht

Jahrelang wurde David von Saul gejagt. Um das Gefühl des Verfolgtwerdens ein wenig nachvollziehen zu können, machen wir Verfolgungsspiele. Für die Jüngeren eignet sich das Spiel »Der Plumpsack geht herum«.

## 44/1 Wer fürchtet sich vorm schwarzen Mann?

Auf einem großen Platz oder einer Wiese stehen sich ein Spieler (schwarzer Mann) und die ganze Gruppe gegenüber. Der schwarze Mann ruft: »Wer fürchtet sich vorm schwarzen Mann?« Die Gruppe ruft: »Niemand.« Schwarzer Mann: »Wenn er aber kommt?« Gruppe: »Dann laufen wir!« Nun versucht der »schwarze Mann« so viele Kinder abzuschlagen wie möglich. Wer an der entgegengesetzten Seite angekommen ist, ist in Sicherheit. Die abgeschlagenen Spieler werden Fänger, bis alle »gefangen« sind. Der Letzte »Freie« wird »Schwarzer Mann«.

## 44/2 Die große Jagd

Saul war David auf seiner Jagd gefährlich nahe gekommen. Sie waren nur durch einen Bergrücken voneinander getrennt.
Dieser Bergrücken wird durch eine Reihe Spieler gebildet, die nebeneinander auf dem Boden in der Hocke sitzen, und zwar so, dass sie immer in die entgegengesetzte Richtung sehen. Zwei Kinder (Saul und David) dürfen nur um die Reihe herum oder hin- und herlaufen. Saul kann jederzeit einen der in der Hocke sitzenden Spieler auf den Rücken klopfen und dessen Platz einnehmen. Dieser wird dann zum Jäger. So kann der »Bergrücken« immer überquert werden und die Richtung der Jagd wird ständig geändert. Wird David erwischt, setzt er sich an das Ende der Reihe. Der erfolgreiche Verfolger wird der neue Gejagte (David) und der Spieler am anderen Ende der Reihe beginnt als Verfolger (Saul) die nächste Runde.

### 44/3 Wassertransport

David musste oft in die Berge flüchten, wo es kein Wasser gab. Unter größter Lebensgefahr brachten seine Freunde ihm manchmal das notwendige Wasser (2. Samuel 23, 13-17).
Zwei Mannschaften versuchen im Wettbewerb so viel Wasser wie möglich über einen Parcours in Plastikbechern zum Ziel (einen Eimer) zu bringen. Der Weg führt über und unter Stühle und Tische bis zur Bergspitze (Eimer auf einem Stuhl, der auf einem Tisch steht). Welche Gruppe schafft das meiste Wasser zu ihrem Gefäß?
*Variante:* Schwierig wird es, wenn Feinde nach Bewältigung der Hälfte der Strecke die Wasserträger entdecken und verfolgen. Werden sie abgeschlagen, scheiden sie aus.
*Material: 2 Eimer, 2 Becher, Wasser*

## 45. 1. Samuel 24; 26: Begegnung von David und Saul

### 45/1 Flucht

David suchte Zuflucht in einer Höhle.
Ein Spieler versucht, alle Kinder abzuschlagen. Wer unter einen Tisch flüchtet, ist gerettet. Er kann nicht abgeschlagen werden.
*Material: Tische*

### 45/2 Gegner suchen und finden

David und Saul waren sich manchmal sehr nah.
Zwei Spieler bewegen sich mit verbundenen Augen um einen Tisch. Der eine will den anderen abschlagen, dabei müssen sie mit einer Hand oder einem Fuß an dem Tisch bleiben. Man kann als Verfolgter unter den Tisch kriechen oder sich auf den Tisch stellen. Nach dem Finden wird gewechselt. Danach können sich weitere Paare suchen und finden.
*Material: 2 Tücher, Tisch*

# 46. 2. Samuel 2; 5: David wird König

Die Stämme Israels wählten David zu ihrem König und David eroberte Jerusalem.

## 46/1 Leute wählen

Verschiedene Anwärter werden gemeinsam gewählt und erhalten ein kleines Geschenk (die Geschenke sind einzeln verpackt):

- Der Glatzenanwärter erhält ein Staubtuch;
- der mit der längsten Nase ein Papiertaschentuch;
- der Längste in unserer Mitte ein Stück Pflaster, weil er sich so leicht anstößt;
- der mit den längsten Haaren einen Taschenkamm;
- die mit der hübschesten Stupsnase einen Taschenspiegel;
- der beste Turner eine kleine Probepackung Isodrink;
- der Kleinste eine Packung Traubenzucker zum Wachsen.

Zum Schluss gibt es für den tüchtigsten Detektiv die Königskrone, die er als Erster entdeckt hat (eine Krone aus goldfarbenem Plakatkarton oder Pappe mit Goldfolie überzogen), die im Raum gut versteckt wurde.
*Material: 1 Staubtuch, 1 Papiertaschentuch, 1 Pflaster, 1 Taschenkamm, 1 Taschenspiegel; 1 Probepackung Isodrink, 1 Packung Traubenzucker, 1 selbstgemachte Krone aus Goldpapier*

## 46/2 Jerusalem erobern

Es war für David nicht so leicht, Jerusalem zu erobern.
Eine Partei bildet eine Wachpostenkette. Zwischen den Posten ist jeweils ein bis zwei Meter Freiraum. Die zweite Partei muss versuchen, die Kette zu durchbrechen, ohne abgeschlagen zu werden. Wer von der Angreiferpartei von den Posten abgeschlagen wird, muss ausscheiden. Wenn mehr als die Hälfte der Angreifer durchkommt, hat die Angreiferpartei gewonnen.

# 47. 2. Samuel 9: Mefi-Boschet

David hatte seinem Freund Jonatan versprochen, für dessen Nachkommen zu sorgen. David hat das Versprechen gehalten und Mefi-Boschet, den Sohn Jonatans, zu sich in den Königspalast geholt.

## 47/1 Versprechen halten

Der Leiter verspricht dem Kind zehn Euro, das unter einen Tisch sitzen bleibt, obwohl er zweimal mit seiner Faust auf die Tischplatte schlägt. Nachdem der Leiter einmal fest auf den Tisch gehauen hat, sagt er: »So, den zweiten Faustschlag mache ich nächste Woche um diese Zeit. So lange musst du unter dem Tisch bleiben.«
Ein Gespräch über Versprechen, die man auch halten kann, sollte anschließend geführt werden.

## 47/2 David-Mefi-Boschet-Memory

Auf Karten werden folgende Begriffe notiert. Es gilt, das Unterschiedspaar im Memory-Spielverfahren zu finden.

Beispiele:

| | |
|---|---|
| Sohn Isais | Sohn Jonathans |
| schneller | gelähmt |
| älter | jünger |
| von Beruf Hirte | arbeitslos |
| furchtlos | hatte Angst |
| spielte bei Saul Harfe | war sein Opa |
| gibt ein Versprechen | ihn betrifft das Versprechen |
| sein Sohn heißt Salomo | sein Sohn heißt Micha |
| nutzt Sauls Gutmütigkeit nicht aus | beteiligt sich beim Aufstand gegen David |
| erobert Land | bekommt Land |

Anschließend werden die Paare den beiden Männern zugeordnet.
*Material: Karten mit Stichworten*

# 48. 2. Samuel 11-12: David und Batseba

## 48/1
David geriet in ein Knäuel von Schuld, das er nicht mehr entwirren konnte. Während der Erzählung können wir die Stufen der Schuldentwicklung durch folgende Stichworte aufzeichnen (Tafel, Overheadfolie oder Flanellstreifen):

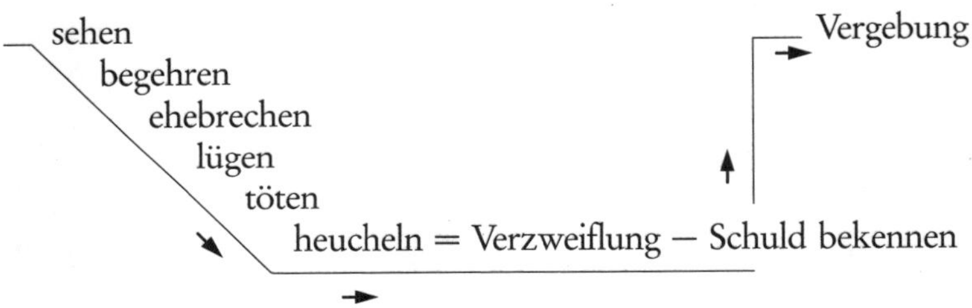


Heute geschieht Vergebung durch Jesus, sein Kreuz, und wir werden neu auf dem weiteren Weg von Gott gebraucht.
*Material: Tafel, Overheadfolie oder Flanellstreifen*

## 48/2 Knäuel entwirren
Wir bilden einen großen Kreis. Alle fassen sich an den Händen (ab jetzt nicht mehr loslassen!). Jetzt steigen möglichst viele über die Arme anderer, so dass sich der Kreis langsam zu einem Knäuel verformt. Nun muss ein Teilnehmer, der bis dahin mit geschlossenen Augen außerhalb des Kreises stand, diesen Knäuel entwirren.

# 49. 2. Samuel 15; 18: David und Absalom

## 49/1 Kampf im Wald Ephraim

(Dieses Spiel ist vor allem bei Freizeitlagern und Jungschartreffen geeignet.)
Es bilden sich zwei Parteien mit ihrem Lager. Dort bekommt jeder Teilnehmer einen Wollfaden in einer Farbe. Jedes Lager hat seine eigene Farbe. In dem Waldstück zwischen den Lagern versucht man, dem Gegner den Lebensfaden abzureißen und mitzunehmen. In dem Augenblick, in dem ein Faden abgerissen wurde, trennen sich die »Kämpfenden«. Der Sieger muss seinen erbeuteten Faden ins eigene Lager zurückbringen und der Verlierer läuft zurück, um einen neuen Lebensfaden zu bekommen.
Die Spieler dürfen im Lager – durch Zweige oder Band gekennzeichnet – nicht mehr angegriffen werden. Dort sind sie sicher und können den eroberten Faden beim Lagerleiter abgeben, bzw. sich einen neuen anbinden lassen. Die Fäden dürfen nur am Handgelenk (nicht unter einer Uhr oder Jackenärmel) befestigt werden. Während des Spiels, das vom Spielleiter angepfiffen und nach rund einer Stunde abgepfiffen wird, sind UNO-Leute (Mitarbeiter) unterwegs, die die Kämpfenden beobachten und evtl. trennen. Ziel: Welche Gruppe hat die meisten Lebensfäden?
*Material: leicht reißbare Fäden in zwei Farben*

## 49/2 Jägerwechsel

Zuerst musste David vor seinem Sohn Absalom flüchten. Dann aber war Absalom auf der Flucht. Aus dem Jäger wurde ein Gejagter. Ein Jäger und ein Gejagter werden ausgesucht. Die anderen Teilnehmer sitzen im Kreis ca. einen Meter voneinander entfernt auf dem Boden und schauen in den Kreis. Der Gejagte läuft um den Kreis und kann sich dadurch retten, dass er sich vor einen der im Kreis Sitzenden hinsetzt. Dieser ist nun Jäger und der bisherige Jäger muss flüchten, bis er sich ebenfalls in den Kreis begibt usw.

# 50. Psalm 23: Der gute Hirte und seine Schafe

Wir machen Spiele rund um die Thematik Schafe und ihre Hirten.

## 50/1 Vierfüßlerlauf

Dieses Spiel kann als Staffelwettbewerb oder als Einzelzeitrennen durchgeführt werden.
Die Teilnehmer rennen nacheinander die vorgegebene Strecke auf Händen und Füßen (Schäfchenstellung). Welche Schafherde ist zuerst im Ziel bzw. welches Schäfchen hat die schnellste Zeit?

## 50/2 Schäfchenkonzert

Der Leiter verteilt unterschiedliche »Mäh-Töne« an die Schafherde (Kinder). Die Schäfchen reagieren auf den Dirigenten (lauter, leiser, Gesamtchor, stakkato usw.). Danach wird der inhaltsreiche Kanon gesungen: »Früh wenn der Bock schreit, mäh mäh mäh, mäh mäh mäh, mäh mäh mäh, schreit auch die Ziege, mäh mäh mäh, mäh mäh mäh, mäh mäh mäh, schrein alle beide, mäh mäh mäh, mäh mäh mäh, mäh mäh mäh.«

## 50/3 Schafe erkennen

Ein Hirte erkennt seine Schafe an der Stimme.
Der Hirte (Leiter oder ein älterer Spieler) bekommt die Augen verbunden. Vier oder fünf Schafe (Kinder) stehen vor dem Hirten und geben nacheinander ein lautes »Mäh« von sich. Ob der Hirte alle Schafe erkennt und sie beim Namen ruft?
Gespräch über Johannes 10, 14 anschließen: Jesus sagt: »Ich bin der gute Hirte und ich kenne die Meinen und die Meinen kennen mich.«

## 50/4 Hirte erkennen

Schafe kennen die Stimme ihres Hirten. Dieses Spiel eignet sich für einen Familiengottesdienst.
Vier bis sechs jüngere Kinder, deren Mütter oder Väter anwesend

sind, stehen vor dem Altar mit dem Gesicht zur Wand. Der Leiter zeigt von hinten auf eins der Kinder. Dessen Mutter/Vater sagt laut die drei Worte: »Komm zu mir.« Das betreffende Kind erkennt die Stimme und reagiert.

### 50/5 Stabspiele: »Dein Stecken und Stab trösten mich.«

– Stab balancieren: Jeder Teilnehmer einer Gruppe balanciert einen Stab auf seiner Hand über eine vorgegebene Strecke. Welche Gruppe ist zuerst fertig?

*Material: 2 oder mehr Stäbe*

– Stab weitergeben: Ein Stab wird zwischen die Knie geklemmt und dann von einem Spieler zum nächsten Spieler weitergegeben. Welche Gruppe ist zuerst fertig?

*Material: 2 oder mehr Stäbe*

– Zielwurf: Ein Stab steckt in einer Flasche. Die Teilnehmer versuchen aus einiger Entfernung, Einmachgummis über den Stab zu werfen. Jeder Spieler hat drei bis sechs Versuche. Wessen Gummis umkreisen den »Hirtenstab«?

*Material: Stab, Flasche, Einmachgummis*

## 51. 1. Könige 2, 1-29: Der neue König

### 51/1 Der Streit im Ballon

Wer ist der Wichtigste?

Drei bis vier Spieler verkörpern eine berühmte Persönlichkeit (Erfinder, Politiker, Mediziner, Entdecker usw.). Es wird angenommen, dass alle in einem Ballon bei einem schweren Unwetter sitzen. Der Ballon droht abzustürzen Aller Ballast ist bereits abgeworfen. Nun muss einer der Anwesenden abspringen.

Jeder Spieler muss den anderen überzeugen, dass sein eigenes Weiterleben für die Menschheit wichtiger ist. Eine Debatte entsteht. Die Zuhörer beurteilen, wer die schlechtesten Argumente hat und aussteigen muss. Wer bleibt zum Schluss übrig? Wer wird also König?

Anschließend Gespräch über die Frage: Was ist im Leben wirklich wichtig?

## 51/2 Buchstabensalat

Der neue König braucht Durchblick.
Zwei Gruppen erhalten die gleichen Buchstaben auf große Kartons geschrieben. Jeder Teilnehmer bekommt einen Buchstaben. Der Leiter nennt ein Wort, das in 1. Könige 2 vorkommt und ein gewählter Anführer jeder Gruppe stellt seine Leute schnell in der richtigen Reihenfolge auf, sodass jeder das Wort lesen kann. Welcher Gruppenleiter ist am Schnellsten? Er eignet sich für das Amt des Königs.
*Material: einzelne Buchstaben auf Pappe aufgemalt in doppelter Ausfertigung von folgenden Worten: Ordnungen, Barmherzigkeit, Königtum usw.*

## 51/3 Entenjagd

Mit dem Begriff »Ente« sind Fehlmeldungen in Zeitungen gemeint. Der neue König muss zum Beispiel falsche Nachrichten entdecken können.
Jeder Spieler bekommt eine Kopie des Bibeltextes 1. Könige 2, 1 - 29 (moderne Übersetzung wählen). Dabei wird jedem Teilnehmer ein kleiner Abschnitt zugeteilt. Der Spielleiter lässt nun die ausgeteilten Texte in der richtigen Reihenfolge von allen Teilnehmern vorlesen. Jeder sollte sich möglichst genau die Geschichte merken. Dann darf jeder Spieler in seinem Abschnitt eine »Ente« einbauen. Anschließend werden die Texte wieder vorgelesen. Sobald eine »Ente« gefunden wird, ruft der Finder »Stopp« und berichtigt diese Stelle. Wer hat die meisten »Enten« gefunden?
*Material: Kopien des Bibeltextes*

## 51/4 Weitermalen

Jedes Kind bekommt ein Blatt Papier und denkt sich eine Szene aus dem Bibeltext (s. o.) aus, die es malen will, und fängt damit an. Nach fünf Minuten geben alle ihr Bild an den rechten Nachbarn weiter. Das wiederholt sich dreimal. Keiner darf aber vom anderen wissen, was sein Bild darstellen soll.

Zum Schluss wird über die Bilder gesprochen. Was sollte es werden? Was ist daraus geworden? Was haben die anderen dazu gemalt?
*Material: Zeichenpapier, Stifte*

## 52. 1. Könige 3: Salomos Weisheit

### 52/1 Viele Wünsche

Wir haben im Allgemeinen viele Wünsche. In einem Wettkampf sagen wir uns unsere Wünsche auf vielen Gebieten.
Wir bilden zwei Gruppen. Ein Teilnehmer, der sich an dem Wettbewerb nicht beteiligen darf, sagt in Gedanken das »ABC« auf. Der Leiter gibt das Wunschgebiet an und stoppt dann den »Zählenden«. Dieser sagt den Buchstaben, der gerade dran war. Derjenige, der zuerst einen Wunsch mit dem betreffenden Anfangsbuchstaben ruft, gewinnt für seinen Gruppe einen Punkt.
Mögliche Wunschgebiete: Ich wünsche mir zum Essen, zum Anziehen, in der Schule, in den Ferien, zu Hause, zum Spielen, zu Weihnachten, ein Lied, einen neuen Namen usw.
König Salomo hatte nur einen Wunsch.

### 52/2 Wer wird Millionär?

Nach dem Prinzip der bekannten Fernsehsendung »Wer wird Millionär?« wird den Teilnehmern eine Frage gestellt. Wer sie zuerst beantwortet, wird Kandidat für weitere, immer schwierigere Fragen. Am Schluss sollte ein kleiner Preis winken.
Wie wäre es mit Fragen, die sich auf die letzten Lektionen beziehen? Hier eine Auswahl von möglichen Fragen, die sich auf David beziehen:
1. David hatte sieben Brüder. Was war er selbst?
A: Der Älteste
B: Der Mittlere
C: Der Jüngste
D: Der Größte

2. Der Geburtsort Davids war
A: Jerusalem
B: Bethlehem
C: Nazareth
D: Hebron

3. Wie hieß der Riese, den David besiegte?
A: Galiat
B: Geliat
C: Goliat
D: Guliat

4. Wie viele Steine besorgte sich David für den Kampf mit Goliat?
A: 1
B: 3
C: 5
D: 7

5. Die Urgroßmutter von David hieß:
A: Rut
B: Rahab
C: Hagar
D: Rahel

6. Was holte sich David auf seiner Flucht vor Saul bei dem Priester in Nob?
A: Brot und Mantel
B: Schwert und Helm
C: Brot und Schwert
D: Wasser und Brot

7. Hoffentlich kennst du die Namen von den Brüdern Davids, denn ein Name ist verkehrt. Welcher nur?
A: Eliab
B: Elimelech

C: Abinadab
D: Ozem

*Lösungen: 1C, 2B, 3C, 4C, 5A, 6C, 7B*

## 53. 1. Könige 10: Die Königin von Saba

### 53/1 Die Reise nach ...

Der Spielleiter stellt sich vor einen Mitspieler und sagt zum Beispiel: »Ich reise nach Köln und bringe mit ...« Der Leiter zählt langsam bis 10. In dieser Zeit muss der Spieler drei Gegenstände nennen, die mit K anfangen: z. B. Karte, Kalender, Kuh usw.
*Variante*: Es gibt zwei Gruppen. Welche Gruppe nennt zuerst die drei Gegenstände?

### 53/2 Stadt — Land — Fluss

König Salomo war wegen seines Reichtums und seiner Weisheit weit bekannt.
Wir tragen zusammen, was die Königin von Saba in Salomos Reich alles gesehen hat. Jeder erhält ein Blatt Papier mit folgender Einteilung: Ort, Tier, Pflanze, Jungen- und Mädchenname. Während der Leiter das ABC still vor sich hinsagt, ruft ein Teilnehmer »stopp«. Der Buchstabe, den der Leiter nennt, ist der Anfangsbuchstabe für die obigen Rubriken. Derjenige, der zuerst alles ausgefüllt hat, ruft: »Halt«. Dann liest er langsam alles vor. Wenn ein anderer den gleichen Namen oder Gegenstand aufschrieben hat, sagt er laut: »Den habe ich auch.« Jeder, der dieses Wort aufgeschrieben hat, streicht es bei sich durch. Es gelten nur Worte, die kein anderer aufgeschrieben hat. Die Anzahl der Worte ergibt die Gesamtzahl. Wer hat am Ende die meisten Punkte? (Das Spiel sollte einige Male gespielt werden.)
*Material: Papier, Stifte*

### 53/3 Biblische Aasgeier-Jagd

Aasgeier fliegen über das ganze Land, sehen alle Dinge und bringen sie herbei.

Wir sehen in der Bibel nach, welche Dinge wir als Aasgeier herbeibringen können. Es sind alles Sachen, über die König Salomo verfügen konnte. Wir kleben die gefundenen Gegenstände (Bilder aus Zeitschriften, Katalogen etc.) auf eine große Pappe, damit sie jeder sehen und prüfen kann. Dazu bilden wir Gruppen von je zwei oder drei Teilnehmern.

Die Zahl in Klammer hinter den Bibelstellen geben die Anzahl der verschiedenen Gegenstände an, die herausgesucht werden sollen.

- Matthäus 10,29 (2)
- Psalm 147,16 (2)
- Lukas 14,34 (1)
- Markus 14,3 (1)
- Jesaja 55,13 (2)
- Hesekiel 12,13 (2)
- Hiob 8,12 (2)
- 2. Samuel 11,14 (1)
- Psalm 80,12 (2)
- Matthäus 13,25 (2)
- Ester 3,10 (1)
- 1. Mose 1,27 (1)

*Material: Bibeln, Zettel mit Bibelstellen, große Pappe, entsprechende Gegenstände als Fotos aus Zeitschriften etc., Klebestift*

## 54. 1. Könige 16,29-17,16: König Ahab und Elia

### 54/1 Anders reagieren

Der Prophet Elia wusste: »Ich muss Gott mehr gehorchen als den Menschen.« Wenn der König den Götzen dient, dann muss ich ihm widersprechen.

Bei unserem Spiel machen wir genau das Gegenteil von dem, was der König befiehlt. Wer es nicht tut, scheidet aus. Wir stehen in einem Kreis, in dem sich alle Spieler frei bewegen können. Dann beginnt der Leiter mit dem Befehl: »Der König sagt: dreht euch nach rechts!« (Alle drehen sich nach links.) »Der König sagt: drei Schritte vorwärts, marsch!« (Alle gehen drei Schritte rückwärts.) »Der König sagt: Wir hüpfen auf einem Bein.« (Alle hüpfen auf zwei Beinen.) »Wir heben alle den rechten Arm!« Jetzt reagiert keiner, denn der König hat es nicht gesagt. Der Befehl wird nicht ausgeführt, wenn die drei Worte »der König sagt« weggelassen werden. Wer es dennoch tut, scheidet aus.

### 54/2 Brot und Fleisch für Elia

Elia wurde durch die Raben mit Brot und Fleisch versorgt.
Wir besorgen uns von Reklamezetteln Bilder von Brot und Fleisch. Sie werden im Raum versteckt. Wir bilden zwei Gruppen, die jeweils einen »Elia« haben. Nach dem Hinweis des Leiters auf die ausgelegten Bilder bringen alle Kinder als Raben die Brot- und Fleischbilder ihrem hungrigen Elia. Welcher Elia hat mehr bekommen? Am Ende des Spiels bekommen alle Teilnehmer ein echtes Stück Brot (Gebäck, Marzipanbrot oder Russisches Brot).
*Material: viele aus Reklameblättern ausgeschnittene Bilder von Brot und Fleisch; Gebäck etc.*

## 55. 1. Könige 18: Elia auf dem Karmel

### 55/1 »Elia, wo bist du?«

Elia wurde von König Ahab überall gesucht.
Wir spielen das bekannte Blinden-Such-Spiel »Jakob, wo bist du?«. Doch Jakob heißt heute »Elia«.
Wir bilden einen Kreis. Zwei Kinder bekommen die Augen verbunden. Ein Kind ruft: »Elia, wo bist du?« Das zweite Kind muss jetzt mit »hier« antworten. Dabei weicht es schnell in eine andere Richtung aus.

Wenn es zu lange dauert, bis sich die Beiden gefunden haben, kann ein zweiter »Sucher« mit verbundenen Augen eingesetzt werden.
*Material: 2 oder mehr Tücher*

### 55/2 Entscheidungsspiel-Telefon

Das Volk musste sich für oder gegen Gott entscheiden. Auch in diesem Spiel geht es um eine schnelle und richtige Entscheidung.
Auf zwei Stuhlreihen, Rücken an Rücken, sitzen zwei Gruppen, die sich jeweils untereinander an der Hand halten. Die beiden ersten Spieler jeder Reihe achten auf den Leiter. Dieser dreht ein Geldstück wie einen Kreisel. Wenn die Münze trudelt und fällt, liegt entweder Zahl oder Zeichnung oben. Liegt die Zahl oben, drücken die beiden ersten Spieler ihrem Spielnachbarn zweimal die Hand, liegt die Zeichnungseite oben, nur einmal. Der Händedruck wird in der Reihe bis zum Letzten weitergegeben. Dieser springt auf und ruft entweder »Zahl« oder »Zeichnung«. Welche Leitung hat die Nachricht richtig und am schnellsten weitergegeben?

## 56. 1. Könige 19: Elia auf der Flucht

### 56/1 Der Angriff

Elia war auf der Flucht vor der Königin. Ihm war es so, als wenn er gejagt würde.
Auf einer Wiese wird ein Spielfeld abgesteckt. Es gibt zwei Gruppen. Eine Gruppe geht in das Spielfeld (die Gejagten). Die andere Gruppe verteilt sich um das Spielfeld (die Jäger). Die Jäger versuchen, die zu Jagenden mit einem Ball zu treffen. Die Getroffenen scheiden aus. Die Spieler in der Mitte weichen dem Ball natürlich aus. Sie dürfen ihn jedoch nicht fangen. Der Spielleiter stoppt die Zeit, die die Jäger brauchen, um die Gejagten bis auf zwei Kinder zu treffen. Dann werden die Gruppen gewechselt. Die Gejagten werden zu Jägern und umgekehrt.
*Material: Ball*

### 56/2 Lebensmüde

Elia hatte keinen Mut mehr. Dazu passt das bekannte Spiel »Armer schwarzer Kater«.

Die Teilnehmer sitzen im Kreis. Sie haben die »Freude« verloren. Sie dürfen keine Miene verziehen und nicht lachen. Ein Kind spielt den armen schwarzen Kater. Es geht im Kreis herum und sucht sich einen Mitspieler aus, vor den es sich hockt. Nun versucht es, ihn mit Grimassen und Miauen zum Lachen zu bringen. Der ausgesuchte Spieler muss dem »Kater« während dieser Zeit ganz ernst über den Kopf streichen und sagen: »Ach, mein armer, armer, schwarzer Kater.« Gelingt es dem Kater nicht, den Spieler zum Lachen zu bringen, sucht er sich einen anderen Spieler und fängt von Neuem an zu miauen. Verzieht ein Kind sein Gesicht, wird es zum Kater.

## 57. 1. Könige 19, 19-21: Berufung des Elisa

### 57/1 Tuch berühren

Bei der Berufung Elisas warf Elia seinen Mantel über ihn. Damit wurde Elisa an die Stelle Elias gesetzt.

In unserem Spiel wird durch die Tuchberührung ein neuer Platz besetzt. Alle Kinder sitzen im Kreis. Ein freier Stuhl steht in der Mitte. Ein Mitspieler hat keinen Stuhl und geht im Kreis herum. Er hat ein Tuch in der Hand. Nachdem er mit dem Tuch ein Kind berührt hat, legt er es blitzschnell auf den freien Stuhl in der Mitte und setzt sich so schnell wie möglich auf den Stuhl des Kindes, das er berührt hatte. Dieses Kind muss versuchen, sich das Tuch zu schnappen und das andere Kind noch schnell mit dem Tuch abzuschlagen, bevor dieses sich gesetzt hat. Gelingt ihm das nicht, dann geht es mit dem Tuch im Kreis herum, um wiederum ein weiteres Kind mit dem Tuch zu berühren.

*Material: Tuch, Stühle*

### 57/2 Umkleidestaffel

Es werden zwei Gruppen gebildet. Der erste Spieler jeder Gruppe zieht Kleidung aus einem bereitstehenden Koffer oder einer Reisetasche an (Hut, Handschuhe, Schal, Jacke, Schürze ...). Dann läuft er zu einem Ziel, zieht dort die Sachen wieder aus und rennt zurück zur Gruppe. Dort wird der nächste Spieler angetippt. Dieser rennt los, zieht am Ziel die Kleidungsstücke an und rennt zurück. Dort wird wieder getauscht, so lange, bis alle Kinder an der Reihe waren. Gewonnen hat die Gruppe, die zuerst alle Kleidungsstücke wieder im Koffer hat.

*Material: Kleidungsstücke, Koffer oder Reisetasche*

### 57/3 Pantomimen

Gott ruft Menschen in seinen Dienst.

In zwei oder mehreren Gruppen lesen wir folgende Bibeltexte, üben sie als Pantomime ein und spielen sie den anderen Gruppen vor.

a) Gideon – Richter 6,1-24
b) David – 1. Samuel 16,1-13
c) Simon Petrus – Lukas 5,1-11
d) Zöllner Matthäus (Levi) – Matthäus 9,9-10

## 58. 2. König 4,8-37: Elisa und die neue Wohnung

### 58/1 Die neue Einrichtung

Ein Spieler geht vor die Tür. Am Inventar des Raumes wird etwas gut sichtbar verändert. Der Spieler muss die Veränderung entdecken. Die Mitspieler helfen ihm mit Piep-Tönen. Je näher er an den gesuchten Gegenstand kommt, umso lauter und schneller piepen die Spieler.

### 58/2 Zimmer frei?

Alle Kinder sitzen im Kreis. Ein Kind hat keinen Stuhl. Es geht zu irgendeinem Spieler und fragt: »Hast du ein Zimmer frei?« Wenn das angesprochene Kind mit »Nein« antwortet, muss das fragende Kind weitergehen. Lautet die Antwort »Ja«, fragt das Kind weiter: »Für wen hast du ein Zimmer frei?« Dann muss das angesprochene Kind sich etwas ausdenken, z. B.: »Für alle, die Turnschuhe tragen; für alle die einen Hund haben; für alle, die im dritten Schuljahr sind« usw. Alle Kinder, auf die das Gesagte zutrifft, müssen so schnell wie möglich den Platz wechseln. Das Kind, das kein Zimmer hat, versucht nun, einen freien Stuhl zu ergattern. Der Nächste, der ohne Stuhl übrig bleibt, beginnt wieder mit der Frage: »Hast du ein Zimmer frei?«

*Material: Stühle*

### 58/3 Bedienungsstaffel

Elisa darf Gastfreundschaft genießen. In diesem Haus ist er auch bewirtet worden.

Wir können mit den Kindern verschiedene Staffelspiele machen, bei denen sie etwas auf einem Tablett transportieren und vielleicht noch Hindernissen ausweichen müssen.

*Material: Tabletts, kleine (unzerbrechliche) Gegenstände, evtl. Hindernisse wie Stühle, Kisten etc.*

## 59. 2. Könige 5: Naaman und sein Diener Gehasi

### 59/1 Pantomimen

Auf Plakat oder Overheadfolie werden untereinander folgende Tätigkeitsworte geschrieben, die in der Geschichte von Naaman und Gehasi vorkommen:

1. Erzählen – die Sklavin erzählt von Elisa,
2. Reiten – auf dem Weg zum König von Israel,
3. Untertauchen – im Jordan,

4. Tanzen – vor Freude über die Heilung,
5. Gehen – zu Elisa,
6. Nachrennen – Gehasi läuft Naaman nach,
7. Tragen – Gehasi trägt Kleider.

Die Tätigkeiten werden von der ganzen Gruppe pantomimisch vorgeführt. Die zwei ältesten Mädchen und die zwei ältesten Jungen stehen vor der Gruppe und müssen die Bewegungen erraten. Am Schluss wird die Reihenfolge der Tätigkeiten so geordnet, dass die Anfangsbuchstaben das Wort »RETTUNG« ergeben.

### 59/2 Jagd nach mehr

Gehasi wollte sich bereichern – aber es brachte ihm keine Freude. Wir verteilen eine Anzahl leerer Getränkedosen im Raum. Zwei Spielern werden die Augen verbunden. Sie bekommen je einen Stuhl zugewiesen. Mit verbundenen Augen müssen sie möglichst viele Dosen auf ihren Stuhl sammeln. Dabei dürfen sie immer nur eine Dose transportieren. Ausnahme: Sie finden den Stuhl des Gegners. Dann dürfen sie alle seine Dosen auf einmal zu ihrem Stuhl bringen. Wenn sie jedoch bemerken, dass der Gegner ihren Stuhl findet und alle Dosen wegträgt, dürfen sie ihn nicht daran hindern. Wer hat nach einiger Zeit die meisten Dosen auf seinem Stuhl?
*Material: leere Getränkedosen; 2 Stühle, 2 Tücher*

## 60. Nehemia 1-2: Nehemias Rückkehr nach Jerusalem

### 60/1 Auftrag hören und ausführen

Die Spieler werden in zwei Gruppen eingeteilt. Die Spielgruppen setzen sich mit ihren Stühlen in zwei Reihen. Nur die ersten Kinder der Reihe dürfen auf einen Tisch schauen, alle anderen müssen in eine andere Richtung sehen. Die letzten beiden Kinder müssen auf einen Stuhl greifen können, auf dem eine Pfeife oder ein Schlüsselbund liegt. Nun bilden die Gruppen zwei Handketten. Der Leiter dreht auf dem Tisch eine Münze, fällt sie so, dass die Zahl zu sehen ist, müssen

die Ersten die Hand der Zweiten drücken, diese die der Dritten usw. bis zu den Letzten. Der schüttelt den Schlüsselbund oder pfeift. Welche Gruppe dies zuerst schafft, bekommt einen Punkt. Bei einem Fehler gibt es einen Punkt für die andere Mannschaft.
*Material: Tisch, Stühle, Münze, Pfeife oder Schlüsselbund*

**60/2 Kofferpacken**
Die Kinder sitzen im Kreis. Einer fängt an zu erzählen: »Ich reise nach Jerusalem und packe in meinem Koffer ein(e) …« Er wählt einen Gegenstand, der mit dem Anfangsbuchstaben seines Namens beginnt. Danach ist der nächste Spieler dran. »Wir reisen nach Jerusalem und Timo, Andi und ich packen in unseren Koffer zu dem Telefonbuch und dem Apfel …« Der Nächste muss dann zuerst sagen, was Timo und Andi usw. eingepackt haben. Dann nennt er das, was er eingepackt hat, usw.

## 61. Nehemia 3-6: Mauerbau von Jerusalem

Spielstraße mit zehn Spielständen für eine Freizeit oder ein Sommerfest. In der regulären Stunde kann man zwei oder drei Spiele auswählen. Unter der Führung Nehemias wurde die Mauer um Jerusalem trotz vieler Widerstände neu aufgebaut. Bei den Spielstationen wird den Kindern »handgreiflich« klar, wie viel Mühe der Bau gemacht hat. Wir teilen die Spieler in Gruppen von je sechs bis acht Teilnehmern. Jede Gruppe erhält einen »Bauschein«. Auf diesen Bauschein werden an jeder Spielstation die Ergebnisse eingetragen. Die Gruppe kann an jeder beliebigen Station beginnen. Dabei geht es nicht um Schnelligkeit, sondern um gute Ergebnisse.

## 61/1 Ausmessen

Nehemia hat genau geprüft, wie zerstört die Mauer war und wo sie neu aufgebaut werden musste.
Wir errechnen die Länge der Mauer, indem wir die Außenmauern des Freizeitheimes oder Gemeindehauses abmessen. Wie lang sind die Mauern?
*Material: pro Gruppe 1 Meterstab o. Ä.*

## 61/2 Baumaterial

Für die hohe Mauer sind viele Steine notwendig.
Bitte ausrechnen, wie viele Ziegelsteine für eine fünfzehn Meter lange Wand gebraucht werden, wenn sie zehn Meter hoch werden soll. (Einen Ziegelstein als Vorgabe mitbringen und vermessen lassen.)
*Material: Ziegelstein, Meterstab, Papier, Stifte*

## 61/3 Transport

Die Steine zum Bau der Mauer mussten an die Baustelle befördert werden.
Jeder Teilnehmer wird von einem anderen Teilnehmer der Gruppe mit einer Schubkarre eine bestimmte Strecke hin- und zurückbefördert. Wie lange braucht die ganze Gruppe?
*Material: Schubkarre (falls sie nicht zur Verfügung steht, wird jeder Teilnehmer von zwei Mitspielern getragen)*

## 61/4 Handwerkszeug

Wichtig war, dass die Bauleute mit Hammer und Nagel umgehen konnten.
Von jedem Spieler einer Gruppe sind jeweils drei Nägel gerade in einen Balken einzuschlagen. Jeder Nagel ergibt einen Punkt – jeder krumm eingeschlagene Nagel einen Punktabzug.
*Material: 1 Balken, 1 Hammer, viele Nägel*

## 61/5 Erneuerung des Fundaments

Vor dem Bau der Mauer musste das Fundament erneuert werden. Dabei war auch Sand zu transportieren.
Jeder Spieler erhält einen Esslöffel und setzt sich mit den Mitspielern

seiner Gruppe in eine Reihe. Vor dem ersten Spieler steht ein Eimer mit Sand. Neben dem letzten Spieler ein leeres Glas. Der zu transportierende Sand wir von einem Löffel zum nächsten weitergegeben. Nach einigen Minuten wird die transportierte Menge in einem Glas abgemessen.
*Material: Eimer mit Sand, ca. 8 Esslöffel, Glas, Uhr*

**61/6 Türme**
Türme wurden besonders hoch gebaut.
Hier sind es Streichhölzer, die auf einen Flaschenhals gestapelt werden. Welche Gruppe baut innerhalb von fünf Minuten den höchsten Turm?
*Material: Flasche, Streichhölzer, Uhr*

**61/7 Wichtige Nachricht entziffern**
Bei großen Schwierigkeiten kann es vorkommen, dass die Bauleute den Mut verlieren. Dann ist eine frohe Nachricht lebensnotwendig. So sagte Nehemia damals viele gute und wichtige Sätze.
Damit die Feinde sie nicht lesen können, werden sie in Geheimschrift weitergegeben. Ein ermutigender Satz heißt zum Beispiel:
»FKG HTGWFG CO JGTTP UGK GWTG UVCGTMG.«
(Wer das Alphabet kennt, weiß bald Bescheid. Der richtige Buchstabe ist immer der, der zwei Stellen zuvor vorkommt, z. B. F = D.)
*Lösung: Die Freude am Herrn sei eure Staerke.*

**61/8 Wassertransport**
Zum Bau der Mauer wurde natürlich auch Wasser benötig. Leider musste es unter schwierigen Bedingungen von weit hergeholt werden.
Jeder Spieler hat zweimal einen Becher voll Wasser in einer zuvor festgelegten Zeit über Hindernisse zu transportieren. Dabei geht es mit dem vollen Becher über und unter Tischen hindurch, über Stühle oder Bänke hinweg, außerdem müssen zehn Schritte auf einem Bein zurückgelegt werden. Welche Gruppe bringt das meiste Wasser ins Ziel?
*Material: Wasser, 1 Becher, 1 Messbecher, Hindernisse wie Stühle, Bänke und Tische*

## 61/9 Bauquiz

In der Bibel kommen viele Bauwerke vor. Die folgenden Fragen sollen so schnell wie möglich beantwortet werden. Die Aufgabe ist erst dann erfüllt, wenn alle Fragen (notfalls anhand der Bibelstellen) richtig beantwortet wurden. Die schnellste Gruppe erhält so viele Punkte, wie es Gruppen gibt. Die nachfolgenden Gruppen entsprechend der Platzierung weniger.

1. Wo wurde der erste große Turm gebaut? (1. Mose 11)
2. Wie viele Stockwerke hatte das erste große Schiff? (1. Mose 6, 16)
3. Wann wurden die mächtigen Mauern Jerichos zerstört? (Josua 6)
4. Wer baute den ersten Tempel in Jerusalem? (2. Chronik 3)
5. In wessen Palast erschienen plötzlich an der Wand Schriftzeichen? (Daniel 5)
6. Wo war der zwölfjährige Jesus, als seine Eltern ihn suchten? (Lukas 2)
7. Auf welchem Fundament baute der kluge Mann sein Haus? (Matthäus 7, 25)
8. Wie brachten die vier Freunde den Gelähmten zu Jesus? (Markus 2)
9. Wie hieß die Straße in Damaskus, in der Saulus bei Herrn Justus eine Zeitlang wohnte? (Apostelgeschichte 9, 11)
10. In welchem Gebäude in Philippi geschah um Mitternacht ein Wunder? (Apostelgeschichte 16)

*Lösungen:* 1. Babel; 2. drei; 3. bei dem Schall der Posaunen; 4. Salomo; 5. Belsazar; 6. im Tempel von Jerusalem; 7. Felsen; 8. durch das Dach; 9. Die Gerade 10. Gefängnis

*Material: Bibel, Uhr*

## 61/10 Mauerbau

Alle Spieler einer Gruppe bekommen die Augen verbunden. Vor ihnen stehen zwanzig große leere Kartons, die sie gemeinsam zu einer möglichst hohen Mauer zusammenstellen sollen. Welche Gruppe baut mit verbundenen Augen die höchste Mauer?

Zum Abschluss kann jede Gruppe auf eine bekannte Melodie einen Text zum Baufest entwerfen und zum Abschluss des Mauerfestes vortragen.
*Material: 20 Kartons, Tücher (Anzahl nach Gruppengröße)*

## 61/11 Bau mit Hindernissen

Es werden Gruppen von je fünf bis sieben Kindern gebildet. Eine Gruppe versucht in zwei Minuten einen möglichst hohen Turm aus Bauklötzen zu bauen, während die andere Gruppe versucht, diesen mit Tischtennisbällen oder Gummibällen zum Einsturz zu bringen. Die Gruppe, die baut, versucht mit ihren Körpern den Turm so gut es geht zu schützen. Es sollte wenigstens einmal gewechselt werden. Gewonnen hat, wer den höchsten Turm baut.
Im Anschluss sprechen wir mit den Kindern darüber, wie schwierig es ist, etwas fertig zu stellen, wenn andere uns daran hindern wollen.
*Material: Tischtennisbälle oder Gummibälle, Bauklötze, Meterstab*

## 61/12 Spionagefall

Wenn eine Nachricht von Person zu Person gegangen ist, kann sie ordentlich verfälscht worden sein. Was dann herauskommt, ist ein Gerücht. Doch solch ein Gerücht hält sich meistens sehr gut. In einem spannenden Spionagefall erging es einem bekannten Mann so, dass falsche Gerüchte über ihn im Umlauf waren. Versucht herauszubekommen, wer diese Gerüchte fälschlicherweise in Umlauf brachte und weshalb.

(Zwei Mitarbeiter lesen den nachfolgenden Text im Wechsel oder spielen die Szene.)

Kommissar Ben Schimmon und Statthalter Nehemia versuchen den Urhebern auf die Schliche zu kommen:
Nehemia: Guten Morgen, Kommisar Ben Schimmon.
Kommissar: Guten Morgen, Herr Statthalter. Sie sehen heute aber ganz schön fertig aus – und so richtig wütend.
Nehemia: Das bin ich auch, deshalb komme ich ja zu Ihnen.
Kommissar: Mit was kann ich Ihnen dienen?

Nehemia: Ich möchte Anzeige erstatten gegen Unbekannt.
Kommissar: Und wie lautet die Anklage?
Nehemia: Böswillige Verleumdung.
Kommissar: Erklären Sie das bitte genauer und sprechen Sie etwas langsamer, ich kann kein Steno.
Nehemia: In der Stadt pfeifen es die Spatzen von den Dächern, dass ...
Kommissar: Bitte drücken Sie sich etwas weniger blumig aus.
Nehemia: Also, ich soll es anscheinend darauf abgesehen haben, König unserer schönen Stadt Jerusalem zu werden.
Kommissar: Na, das wäre doch gar nicht so übel. Die könnten wirklich einen schlechteren Fang machen als mit Ihnen.
Nehemia: Darum geht es doch gar nicht! Mir wird nachgesagt, ich würde von Gott abfallen und selbst König sein wollen, und die Mauer würde ich nur bauen lassen, um mir mein Königtum zu schützen. Dabei weiß ich genau, dass ich ohne Gottes Hilfe die Mauer niemals bauen könnte, weil ich doch ein totaler Laie auf diesem Gebiet bin.
Kommissar: Das sind ja ganz schwere Anklagen, Herr Statthalter. War es nicht auch noch so, dass Sie als Feigling ausgewiesen werden sollten und man Ihnen deshalb riet, ins Innere des Tempels zu fliehen?
Nehemia: Ja, das stimmt. Man hatte einen Propheten bestochen, falsch zu weissagen. Dabei darf ich als normaler Jude und Nichtpriester gar nicht ins Innere des Tempels. Gott hat mir doch den Durchblick geschenkt.
Kommissar: Ich habe alles zu Protokoll genommen und werde mich nun erkundigen und überprüfen, wer hinter all diesen Gerüchten steht und weshalb Sie verleumdet werden.

Kommissar Ben Schimmon wendet sich an die Gruppe und bittet um Mithilfe. Jede vorher gebildete Gruppe erhält eine Bibel und soll anhand der Bibelstelle (Nehemia 6,1-14) herausfinden, wer Nehemia beschuldigt und weshalb. Die Gruppen haben zehn Minuten Zeit und schreiben das Ergebnis auf.
*Material: Stifte, Papier, Bibeln*

## 62. Nehemia 8: Volksversammlung

### 62/1 Gottes Worte finden

Die Worte »Seid nicht bekümmert, denn die Freude am Herrn ist eure Stärke« (Nehemia 8, 10) werden zweimal auf je eine andersfarbige Pappe geschrieben.
Der Satz wird wortweise auseinander geschnitten und die einzelnen Wortstreifen werden vor Beginn der Stunde im Raum versteckt. Welche der zwei Gruppen findet am schnellsten alle Wortstreifen und setzt sie zum obigen Vers zusammen?
*Material: 2 verschiedenfarbige Pappstreifen mit dem Vers aus Nehemia 8, 10*

### 62/2 Bibel-Fußball

Die Israeliten lernten die Bibel neu kennen.
Wir bilden zwei Mannschaften mit je einem Torwart, zwei Verteidigern und drei Stürmern. Die Mannschaften sitzen sich gegenüber: die Torwarte an den entgegengesetzten Enden, dann die Verteidiger, in der Reihe davor die Stürmer. Alle haben die eine Bibel (gleiche Übersetzung) in der rechten Hand. Bei dem Kommando »Bibel hoch« halten alle Spieler die Bibel hoch. Danach nennt der Leiter die Bibelstelle. Stürmer und Verteidiger schlagen die Bibelstelle nach. Wer zuerst die Stelle gefunden hat, darf aufstehen und den Bibelvers laut vorlesen. Jetzt spielen zwei Stürmer und drei Verteidiger der Siegergruppe gegen drei Verteidiger und einen Torwart. (Die Gruppe der Stürmer ist überwunden.) Gewinnt diese Gruppe noch einmal, sind die Verteidiger auch überwunden und fünf Spieler (drei Verteidiger und zwei Stürmer) stehen nun vor dem Torwart. Wenn einer der Fünf schneller als der Torwart die nächste Bibelstelle gefunden hat, ist das erste Tor gefallen und jeder nimmt seinen ursprünglichen Platz wieder ein.
Aus der Fülle der Bibelstellen hier einige aus dem Neuen Testament, die sich auf das Wort Gottes beziehen: Lukas 4, 4; Lukas 8, 11;

Kolosser 3,16; Römer 10,17; 2. Timotheus 2,9; Epheser 6,17; 2. Thessalonicher 3,1; 2. Petrus 1,19 usw.
*Material: Bibeln*

**62/3 Lobpreis**
Das Volk Israel lobte Gott. Wir singen Loblieder und tanzen dazu vor Freude.

*a) Lied »Gottes Liebe ist so wunderbar«*
Bei »Gottes Liebe ist so wunderbar« fassen sich alle im Kreis Stehenden an den Händen und gehen links herum.
Bei »so hoch, was kann höher sein« gehen alle mit erhobenen Händen (nicht loslassen!) zur Mitte.
Bei »so tief, was kann tiefer sein« gehen alle in die Hocke.
Bei »so weit, was kann weiter sein« gehen alle wieder nach außen und bilden einen großen Kreis. Dann folgen die weiteren Verse in der gleichen Art: Gottes Güte – Gottes Treue usw.

*b) Kanon »Lasst uns miteinander«*
Im Kreis paarweise nebeneinander aufstellen, dann an den Händen fassen.

1. Lasst uns miteinander: vier Schritte in die Kreismitte gehen;
   lasst uns miteinander: vier Schritte wieder zurück gehen;
   singen, beten, loben den Herrn: alles wiederholen.
2. Lasst uns das gemeinsam tun: Paare stehen sich gegenüber, Arme anwinkeln;
   singen, beten, loben den Herrn: Arme im Takt schwingen;
3. singen, beten, loben den Herrn: Paare stehen still und klatschen abwechselnd in die eigenen und dann in die Hände des Partners;
4. singen, beten, loben den Herrn: Partner haken sich rechts ein und tanzen im Kreis;
   singen, beten, loben den Herrn: Wechsel auf den linken Arm und links herum tanzen.

# 63. Ester 1-4: Erwählung Esters

## 63/1 Eignungstest

Der König suchte eine Königin, die hervorragende Eigenschaften haben sollte. Sie sollte zum Beispiel alles überblicken und im Griff haben.

Der Leiter nennt einen Gegenstand, der gesucht werden muss. Er hat vorher verschiedene Gegenstände so versteckt, dass sie nur zu einem kleinen Teil sichtbar sind. Wer den gewünschten Gegenstand zuerst entdeckt, bringt ihn zum Leiter.

*Material: verschiedene Gegenstände*

## 63/2 Küchentest

Die Königin sollte vieles können – zum Beispiel auch im Haushalt geschickt sein.

Zwei Bewerber erhalten gleich große Äpfel und ein Schälmesser. Wer schält die längste Schale an einem Stück?

*Material: 2 Schüsseln, 2 Messer, Äpfel*

## 63/3 Krawattentest

Die Königin muss sich und andere gut einkleiden können.

Sie kann sich zum Beispiel eine Krawatte umbinden und kann ebenfalls einem Partner die Krawatte umbinden, so dass sie tadellos sitzt.

*Material: 2 Krawatten*

## 63/4 Liedertest

Eine Königin sollte musikalisch sein.

Auf eine bekannte Melodie, zum Beispiel »Wenn die bunten Fahnen wehen« oder »Auf der schwäb'schen Eisenbahne ...« singt sie den Text »Schöne Mädchen braucht der König, kommen zu ihm aus jeder Stadt, wollen Königinnen werden.« Bitte weiter dichten.

# 64. Ester 5-10: Hamans Ende — Mordechais Erhöhung

### 64/1 Türme bauen

Für Haman gab es einen großen Absturz.

Zwei oder drei Gruppen bauen je einen Turm. Sie bekommen je Gruppe genügend Streichhölzer, um damit einen möglichst hohen Turm zu bauen. Die Streichhölzer werden dazu auf einem Flaschenhals gestapelt. Man kann auch Legosteine oder Bauklötze dafür verwenden. Die Türme werden so hoch gebaut, bis sie zusammenstürzen.

*Material: 2 oder 3 Flaschen,*
*Streichhölzer oder Bausteine oder Legosteine*

### 64/2 Sprichwörter pantomimisch darstellen

Zwei Gruppen, üben drei oder vier Sprichwörter pantomimisch ein und spielen sie der anderen Gruppe vor.

1. Probieren geht über Studieren.
2. Ohne Fleiß kein Preis.
3. Morgenstund hat Gold im Mund.
4. Sich regen, bringt Segen.
5. Erst die Arbeit, dann das Spiel.
6. Wer andern eine Grube gräbt, fällt selbst hinein.

(Das Sprichwort Nr. 6 kommt zum Schluss und ist, wenn möglich, die Überleitung zur Andacht.)

# 65. Jeremia 36: Die verbrannte Buchrolle

Der Prophet Jeremia diktierte seinem Diener Baruch die Botschaft Gottes, die der Diener aufschrieb. Immer wieder ging es um die Bibel – das Wort Gottes.

### 65/1 Bibelvers-Puzzle

Der Bibelvers »Ich freue mich über dein Wort wie einer, der große Beute macht« (Psalm 119,162) wird zweimal Wort für Wort auf je andersfarbige Papierstücke geschrieben.
Die Wortpapierstücke werden im Raum versteckt. Welche Gruppe findet zuerst den ganzen Vers und setzt ihn richtig zusammen?
*Material: 24 verschiedenfarbige Papierstücke mit Psalm 119,162*

### 65/2 Biblische Montagsmaler

Der Leiter hat einen Bogen Papier, auf dem untereinander die Überschriften von bekannten biblischen Geschichten zu lesen sind. Die Gruppen sitzen an verschiedenen Tischen. Ein Spieler pro Gruppe geht jeweils zum Leiter, der ihnen die erste biblische Geschichte auf seinem Zettel zeigt. Diese zeichnen die biblische Geschichte ihrer Gruppe vor, ohne etwas darüber zu sagen. Wer aus der Gruppe die Geschichte errät, geht zum Leiter und liest dort die nächste Geschichte. Welche Gruppe ist zuerst fertig?
Bitte die »Gemälde« für einen Elternabend aufbewahren. Mögliche bekannte Geschichten: Arche Noah, Zachäus, Weihnachten, Ostern, Pfingsten, Jesus im Sturm auf dem Boot, Daniel in der Löwengrube, David und Goliat, Bartimäus Fischzug des Petrus, Bekehrung des Saulus usw.
*Material: Papier, Stifte*

## 66. Jeremia 38: Rettung Jeremias aus dem Brunnen

### 66/1 Die Zitrone

Jeremia wurde gefangen genommen und im letzten Augenblick durch Ebed-Melech befreit.
Es geht bei dem Spiel um das »Befreien«.
Ein Kind steht in der Mitte und streckt beide Arme aus. Alle anderen Kinder fassen die ausgestreckten Arme dieses Kindes an. Das Kind, das von allen angefasst wird, ruft einige Früchte laut und deutlich.

Sobald es »Zitrone« ruft, laufen alle anderen schnell weg. Das Kind versucht nun, möglichst alle andere zu berühren.
Wer abgeschlagen wird, bleibt mit gespreizten Beinen stehen. Noch nicht berührte Kinder können die Mitspieler befreien, indem sie unter ihren gespreizten Beinen durchkrabbeln. Das Spiel ist beendet, wenn alle Kinder abgeschlagen sind. Wer zuletzt berührt wird, steht beim nächsten Mal in der Mitte.
Das Spiel sollte abgebrochen werden, wenn kein Ende durch Abschlagen in Sicht ist.

### 66/2 Pantomime zu dem Wort »Befreien«

a) Die *Pantomimen* werden von allen Kindern dargestellt. Vor der Leinwand oder den Kartons, wo die Tätigkeiten zu lesen sind, stehen einige Teilnehmer (drei Jungen und drei Mädchen) mit dem Blick zur Gruppe. Sie sagen, was die Gruppe nacheinander darstellt. Nämlich folgende Tätigkeiten: backen, einmachen, Fenster putzen, rasieren, Eis verkaufen, impfen, einbrechen, Nüsse knacken = »befreien«.
b) *Anspiele:* Man kann in kleinen Gruppen biblische Geschichten kurz pantomimisch anspielen. Dabei geht es um folgende Personen: Benjamin (bei ihm wird der Becher gefunden); Esau (Linsensuppe); Frau mit dem »verlorenen Groschen«; Rut (beim Ährenlesen); Elia (wird von Raben gefüttert); Isaak (auf dem Weg zum Opferaltar); Eva (isst die verbotene Frucht); Noah (weist den Tieren den Weg in die Arche) = »befreien«.
*Material (für Anspiel): Pappbecher mit Silberpapier überzogen, Teller mit Löffel, Groschen, Apfel*

## 67. Daniel 1: Daniel und seine Freunde

*Die Aufnahmeprüfung*
Die Aufnahmeprüfung besteht aus fünf Aufgaben. Pro gewonnene Aufgabe erhalten die Kinder Punkte. Derjenige, der zum Schluss die meisten Punkte hat, ist Daniel.

### 67/1 Die Kraftprobe

Alle bekommen eine leere Flasche in die Hand und müssen sie so lange wie möglich mit ausgestrecktem Arm in der Hand halten. Der, der es am längsten schafft, bekommt zehn Punkte, der Zweite fünf und der Dritte zwei.
*Material: mehrere gleiche Flaschen*

### 67/2 Einkleidungsspiel

Man stellt einige alte Kleidungsstücke, Wolldecken, Stoffe, Hüte, Tücher usw. zur Verfügung. Welches Kind schafft es, sich selbst am schönsten zu »dekorieren«? Punkteverteilung wie oben.
*Material: verschiedene Kleidungsstücke und andere Utensilien*

### 67/3 Begabung

Mit verbundenen Augen müssen alle Kandidaten ein Schiff zeichnen. Die drei Besten werden bewertet.
*Material: Papier, Stifte*

### 67/4 Weise und klug

Den Kindern werden aus verschiedenen Bereichen Fragen gestellt. Pro richtig beantwortete Frage erhalten sie einen Punkt. (Bitte selbst die für die eigene Gruppe passenden Fragen zusammenstellen.)
*Beispiele:* Was war Petrus von Beruf? (Fischer) – Wie hieß der Mann, der das Volk Israel aus Ägypten geführt hat? (Mose) – Sport: Wie viel Männer sind bei einem Fußballspiel auf dem Platz? (dreiundzwanzig mit dem Schiedsrichter) – Was ist ein Puk? (Hartgummischeibe beim Eishockey) – Erdkunde: Welches Land wird das »Land der aufgehenden Sonne« genannt? (Japan) – Warum kann man im Toten Meer nicht untergehen? (Salzgehalt).

### 67/5 Aufmerksam

a) »Der Mond ist rund«: Der Leiter nimmt einen Stock in die Hand. Alle Kinder müssen sich nebeneinander hinstellen. Nun bittet der Leiter die Kinder, ihm genau das nachzumachen, was er ihnen vormacht. Er nimmt den Stock in die rechte Hand, beschreibt damit einen Kreis und sagt dazu: »Der Mond ist rund, der Mond ist rund,

er hat zwei Augen (mit dem Stock werden zwei Punkte in die Luft »gezeichnet«), Nas' (mit dem Stock einen vertikalen Strich machen) und Mund (mit dem Stock einen horizontalen Strich beschreiben).« Dann gibt er den Stock mit der linken Hand weiter. Bei diesem Spiel kommt es darauf an, dass die Kinder den Stock zuerst mit der rechten Hand ergreifen, das Mondgesicht malen und ihn dann mit der linken Hand weitergeben.
Der, der den Trick zuerst erkannt hat, bekommt zehn Punkte, der Nächste fünf, der Dritte drei.
b) »Ich heiße ... und trinke gern ...«: Der Leiter nimmt wieder einen Stock in die Hand. Wieder empfiehlt er den Kindern genau darauf zu achten, was er macht. Mit dem Stock in der Hand sagt er seinen Namen und ein Getränk, das den gleichen Anfangsbuchstaben hat, wie sein Name. Z. B.: »Ich heiße Marina und trinke gerne Milch.« Der, der den Trick zuerst erkannt hat, (also Name und Getränk für sich richtig nennt) bekommt zehn Punkte usw.
*Material: Stock*

**67/6 Entscheidungsspiel**
Daniel stand vor der schwierigen Entscheidung, entweder Gottes Willen zu tun oder getötet zu werden.
Es werden für alle gut sichtbar drei Stühle nebeneinander gestellt. Auf dem mittleren Stuhl darf der sitzen, der zum Daniel »gekürt« wurde. Der rechte Stuhl repräsentiert die Entscheidung von den Speisen zu essen, die vorher den Götzen geweiht wurden. Der linke Stuhl steht für die Wahl, sich zu Gott zu bekennen und das Essen des Königs zu verweigern.
Die Kinder bekommen die Aufgabe, sich in Daniel hineinzuversetzen. Sie sollen sich die Gründe überlegen, die dafür sprechen könnten, von dem Essen des Königs zu nehmen oder was dafür spricht, sich zu Gott zu bekennen. Wer ein Argument hat, setzt sich auf den betreffenden Stuhl neben Daniel und erklärt ihm seine Ansicht.
Bei diesem Spiel geht es nicht um richtig oder falsch, sondern einfach darum, den Konflikt, in dem Daniel stand, nachzuempfinden.
Mögliche Argumente: »Ich habe Angst, wenn ich nicht von den Speisen des Königs esse, werde ich getötet. Aber ich bin doch noch so

jung; ich will leben« (= rechter Stuhl). »Ich werde einfach von der Speise des Königs essen und in meinem Herzen weiter an Gott glauben« (= rechter Stuhl). »Ich will Gott gehorsam sein. Ich werde mich an seine Gebote halten und nichts von dem essen, was zuvor den Götzen geweiht wurde«; oder: »Ich werde mich zu Gott bekennen. Er ist der wahre Gott. Gott wird mir irgendwie helfen« (= linker Stuhl). Daniel sitzt in der Mitte und kann am Schluss sagen, welche Argumente er nehmen würde.
*Material: 3 Stühle*

## 68. Daniel 2: Nebukadnezars Traum

### 68/1 Ich sehe was, was du nicht siehst

König Nebukadnezar forderte von den Zauberern und Sterndeutern, dass sie seinen Traum beschreiben und deuten sollten.
In unserem Spiel müssen die Anwesenden herausbekommen, was der Leiter oder ein Kind gesehen hat. Der Leiter sagt: »Ich sehe was, was du nicht siehst und das ist weiß.« Er denkt dabei zum Beispiel an den weißen Kragen eines Kindes, den alle sehen können. Derjenige, der diesen Gegenstand nennt, sucht sich einen neuen Gegenstand im Raum aus und sagt: »Ich sehe was, was du nicht siehst und das ist ...«

### 68/2 Gegenstände entdecken — tastende Hände

Auf zwei Tischen liegen jeweils die gleichen Gegenstände (Seife, Münze, Bleistift, Schwamm usw.). Zwei Kinder ertasten mit verbundenen Augen die Gegenstände. Wer hat am schnellsten alle herausgefunden?
*Material: verschiedene Gegenstände, 2 Tische*

### 68/3 Tastende Füße

Das Gleiche kann man mit den Füßen durchführen. Die Gegenstände liegen auf dem Boden, die von den Kindern barfuß befühlt werden.
*Material: verschiedene Gegenstände*

### 68/4 Spiel um Einheit

Daniel bat seine Freunde, dass sie mit ihm für die Lösung beten. Sie waren sich einig.

Zwei Kinder fassen sich ganz fest an den Händen. Ein drittes Kind versucht mit Anlauf gegen die Arme der beiden Kinder zu rennen und sie zu trennen. In der Regel geht das nicht. Aber dann streiten sich die Beiden über die Methode des Anfassens. »So musst du anfassen!« – »Nein, so und nicht anders!« In dem Augenblick läuft das dritte Kind zwischen den Zankenden hindurch. Dann kommen die Vorwürfe »Hab ich's nicht gesagt?« – »So hättest du anfassen müssen.« Usw.

Ziel: Erkennen, dass wir zusammengehören und eins sind. Dann kann der Feind nicht durchbrechen und uns trennen. Es geht nicht in erster Linie um Methoden, sondern um das Einssein im Gebet.

### 68/5 Gebetsplakat

Wir hängen ein »Bitte-« und ein »Danke-Plakat« im Gruppenraum auf. Auf das »Bitte-Plakat« notieren die Kinder ihre Bitten. Auf das »Danke-Plakat« kommen unter anderem die erhörten Gebete.

*Material: 2 Pappen*

## 69. Daniel 3: Drei Männer im Feuerofen

*Achtung! Bei den folgenden Spielen muss der sorgfältige Umgang mit Streichhölzern und Kerzen gewährleistet sein. Vorsichtshalber einen Eimer mit Wasser bereithalten!*

### 69/1 Streichholzstafette

Die Kinder werden in zwei Gruppen geteilt. Jede Gruppe bekommt eine Schachtel Streichhölzer. Auf das Startzeichen hin öffnet der erste Spieler der Gruppe die Streichholzschachtel, nimmt ein Zündholz heraus und schließt die Schachtel. Dann öffnet er sie wiederum, steckt das Streichholz hinein, schließt die Schachtel und gibt sie an

den nächsten Spieler weiter, der genauso verfährt. Welche Gruppe ist zuerst fertig?
*Material: 2 Streichholzschachteln mit Zündhölzern*

### 69/2 Es werde Licht
Jede Gruppe bekommt zehn Teelichter und ein Päckchen Streichhölzer. Ein Spieler aus jeder Gruppe soll nun versuchen, mit möglichst wenig Streichhölzern alle Teelichter anzuzünden. Welche Gruppe verbraucht die wenigsten Streichhölzer?
*Material: Teelichter, Streichhölzer*

### 69/3 Kerzen löschen
Für jede Gruppe wird eine brennende Kerze aufgestellt. Ein Kind aus jeder Gruppe bekommt eine Einmal-Spritze mit Wasser und versucht, die Kerze mit dem Wasserstrahl zu löschen. Aus einem Eimer mit Wasser können alle Spieler »nachladen«. Wer hat als Erster sein Feuer gelöscht?
(Dieses Spiel eignet sich nicht in einem Raum mit Teppichboden – lieber draußen in einer windstillen Ecke oder im Eingangsbereich mit Fliesen spielen.)
*Material: Eimer mit Wasser, Einmal-Spritzen, Kerzen*

### 69/4 Feuerwehr
Die Feuerwehr hat ihren Wasserschlauch vergessen. Für jede Gruppe brauchen wir einen Eimer gefüllt mit Wasser, einen leeren Eimer und einen Eierbecher. Die Kinder jeder Gruppe stehen nebeneinander. Der Erste füllt den Eierbecher mit Wasser und gibt ihn an das nächste Kind weiter. Der Eierbecher wandert nun von einer Hand zur anderen. Am Ende wird er in den leeren Eimer ausgeleert.
Das letzte Kind läuft nun mit dem leeren Eierbecher zum vollen Eimer, füllt ihn wieder mit Wasser und gibt ihn an den nächsten Spieler weiter. Das geht so lange, bis jedes Kind der Gruppe einmal mit Wasserschöpfen an der Reihe war. Welche Gruppe hat das meiste Wasser zum Löschen?
*Material: mit Wasser gefüllte und leere Eimer, Eierbecher*

# 70. Daniel 5: Belsazars Fest

## 70/1 Tempelgeräte sammeln

Im Raum sind mehr als fünfzehn goldene Becher (Plastikbecher mit Goldfolie überzogen) versteckt. Es werden zwei Gruppen gebildet. Wer findet die meisten Becher?

*Material: mehr als 15 Joghurtbecher mit Goldfolie überzogen*

## 70/2 Eigenschaftspantomimen

Wir stellen Eigenschaften des Königs dar. Sie sind auf Plakat oder Overheadfolie untereinander geschrieben. Eine Gruppe stellt die einzelnen Eigenschaften pantomimisch vor, die andere Gruppe muss die Eigenschaften erraten. Nach kurzer Zeit wird gewechselt.

Eigenschaften des König Belsazar: betrunken, eigensinnig, leichtsinnig, spöttisch, argwöhnisch, zornig, angstvoll, ratsuchend. (Die Anfangsbuchstaben ergeben den Namen des Königs.)

*Material: Plakat oder Overheadfolie*

# 71. Daniel 6: Daniel in der Löwengrube

## 71/1 Daniel in der Grube

Die Kinder sitzen in einem größeren Kreis. Ein oder zwei Kinder (Löwen) suchen mit verbundenen Augen das dritte Kind (Daniel), das sich im Kreis befindet. Dieses hat die Augen nicht verbunden und kann immer wieder ausweichen. Wenn die Löwen Daniel innerhalb von zwei Minuten nicht erwischt haben, kommt ein anderes Kind in den Kreis.

*Material: Tücher, Uhr*

### 71/2 Pantomimen

Zwei oder drei Gruppen lesen bestimmte Bibeltexte, üben sie pantomimisch ein und stellen sie danach den anderen Kindern vor. Bei diesen Geschichten erlebten Menschen Gottes Hilfe:

1. Elia wird durch Raben versorgt (1. Könige 17,3-6).
2. Paulus und Silas im Gefängnis (Apostelgeschichte 16,19-31 oder 25-30).
3. Israels Kampf gegen die Amalekiter (2. Mose 17,10-12).

## 72. Jona 1: Jonas Flucht

### 72/1 Flasche umrunden

Bei einem starken Sturm kann man kaum gerade gehen.
Eine Flasche steht auf dem Boden. Der Spieler bückt sich und berührt die Flasche mit dem Zeigefinger. Dann läuft er zehnmal um die Flasche herum und hält weiter den Finger am Flaschenhals. Danach muss er eine Münze vom Boden aufheben und dem Leiter bringen.
Ob er dabei noch gerade gehen kann?
*Material: Flasche, Münze*

### 72/2 Der Untergang

Mit Kreide zeichnen wir auf den Boden einen Kreis mit mindestens einem Meter Durchmesser. Alle stehen um diesen Kreis, fassen sich an den Händen und versuchen die anderen in den Kreis zu ziehen. Ist einer mit beiden Füßen im Kreis, dann ist er untergegangen und scheidet aus. Welche Zwei oder Drei bleiben übrig?
*Material: Kreide*

# 73. Jona 3-4: Jona in Ninive

## 73/1 Schlagzeilen entwerfen

Drei Tage lang predigte Jona den Untergang der Stadt Ninive. Die Zeitungen der Stadt hätten davon berichtet (evtl. auch von der Rettung Jonas aus dem Meer). Wir schreiben in Kleingruppen von zwei bis drei Teilnehmern Schlagzeilen für die Bildzeitung, für die Tageszeitung und für ein Kirchenblatt. Zum Schluss wird alles vorgelesen.

*Material: Papier, Stifte*

## 73/2 Botschaft für die Stadt

Wir entwerfen und zeichnen Grußkarten mit Mut machenden Bibelversen und bringen sie zu verschiedenen Leuten unserer Stadt/unserem Dorf:

- dem ältesten Bürger;
- der ältesten Bürgerin;
- dem Bürgermeister;
- der Gemeindeschwester oder Leiterin der Sozialstation, Nachbarschaftshilfe etc.
- den Eltern des jüngsten Bürgers;
- uns bekannten Kranken.

*Material: neutrale Karten, Stifte*

# Spiele zu Geschichten aus dem Neuen Testament

## 74. Lukas 1, 26-38: Ankündigung der Geburt von Jesus

### 74/1 Weihnachts-Activity

Wir stellen uns auf Advent und Weihnachten ein.

Der Leiter hat verschiedene Begriffe, die sich auf Weihnachten beziehen, auf einen Zettel geschrieben. Ein Spieler liest den ersten Begriff und malt ihn auf eine Folie auf einem Overhead-Projektor.

Der Erste, der das gemalte Bild errät, darf den nächsten Begriff pantomimisch darstellen. Die Weihnachtsbegriffe werden also im Wechsel gemalt oder in einer Pantomime dargestellt. Man kann dabei zwei Gruppen bilden. Jeder, der einen Begriff als Erster errät, erhält für seine Gruppe einen Punkt. Natürlich geht es auch ohne Wettbewerbstress, einfach weil das Malen und Spielen an sich schon Spaß macht.

Mögliche Begriffe: Adventskranz – Weihnachtsmann – Kerzenständer – Kauf eines Weihnachtsbaums – Engel – Weihnachtsliedersingen (ohne Ton) – Esel – Krippenspiel – Weihrauch – abweisender Herbergswirt – Lametta – anbetender Weiser aus dem Morgenland – Engel bei der Mutter Maria – usw.

*Material: Folien, Stifte, Overhead-Projektor*

### 74/2 Blindes Vertrauen

Maria vertraute den Worten des Engels.

Aus zwei Gruppen durchläuft nacheinander ein Spieler mit verbundenen Augen einen Hindernisparcours (aus Tischen, Stühlen, Fla-

schen, Liederbüchern etc.). Seine jeweilige Gruppe lenkt ihn durch Zurufe.
Wird ein Hindernisses berührt, werden zehn Sekunden zu der Laufzeit hinzugezählt. Wer hat die kürzeste Zeit erreicht?
*Material: Hindernisse (s. o.)*

## 75. Lukas 2, 1-20: Weihnachten

### 75/1 Zimmersuche

Maria und Josef waren auf Zimmersuche, doch es war kein Raum in der Herberge.
Alle sitzen im Kreis. Ein Kind hat keinen Stuhl. Es geht von einem zum anderen und fragt: »Hast du ein Zimmer frei?« Oft wird es abgewiesen. Wenn ein Kind »ja« sagt, folgt die Frage: »Für wen ist das Zimmer frei?« Dann denkt sich der Angesprochene etwas aus. Zum Beispiel: »Für alle, die blaue Augen haben«; oder: »Für alle, die etwas Schwarzes anhaben«; oder: »Für alle, die ins dritte Schuljahr gehen«; oder: »Für alle, die Geschwister haben« usw. Alle Kinder, auf die das zutrifft, müssen die Plätze wechseln. Das ist der Augenblick, in dem das Kind ohne Stuhl einen Platz bekommen kann. Nun ist der Nächste, der ohne Stuhl übrig bleibt, auf Zimmersuche.

### 75/2 Die Freudenkette

Weil Gott uns durch seinen Sohn Jesus so reich beschenkt hat, wollen auch wir uns zu Weihnachten eine Freude machen.
An einem Stück Kordel befestigen wir (mit Büroklammern) abwechselnd Süßigkeiten und kleine Zettel. Es wird reihum gewürfelt. Vom Ende des letzten Bonbons oder Zettels wird gezählt. Wer einen Zettel erwischt, muss der darauf stehenden Anweisung folgen. Auf den Zetteln kann Folgendes stehen:

– Singen macht froh. Ich singe mit meinem rechten Nachbarn das Lied »O Tannenbaum«. Nach den ersten Takten singen wir alle mit.

- Zur Weihnachtszeit ist es manchmal etwas kühl. Darum darf ich den Leiter unserer Gruppe mit einigen Kleidungsstücken der Teilnehmer einkleiden. Wer spendet ihm eins seiner Kleidungstücke?
- Mir wird vom Leiter ein Bonbon geschenkt. Einfach nur so.
- Mein linker Nachbar und ich sind plötzlich Schafe und gehen einmal auf allen Vieren blökend durch den Raum.
- Ich liebe Tiere und stelle ein Tier pantomimisch dar. Die anderen dürfen raten.
- Mir wird vom Leiter ein schöner Bibelvers gesagt.
- Jetzt darf ich mir mein Lieblingslied wünschen.
- Heute bin ich freigiebig und gebe das nächste Bonbon dem jüngsten Teilnehmer.
- Ich gebe zur Weihnachtszeit gerne etwas weiter. Dieses Mal ist es der nächste Zettel, den ich meinem rechten Nachbarn gebe.
- Zu Weihnachten darf ich endlich das tun, was ich am liebsten tue: Ich stelle pantomimisch meine Lieblingsbeschäftigung vor.
- Jetzt kommt eine besondes beliebte Aufgabe: Ich werde zusammen mit meinem linken Nachbarn am Schluss unseres Treffens aufräumen.
- Mein rechter Nachbar und ich erfreuen alle mit zwei Liedern, die wir zur gleichen Zeit singen. Ich singe »Alle meine Entchen« und mein Nachbar »Hänschen klein«. – Nach einiger Zeit helfen uns alle beim lustigen Sängerwettstreit.
- Es gibt drei Gründe, weswegen man mich unbedingt zum Bundeskanzler wählen muss, nämlich: …
- Ich darf eine Scherzfrage stellen: »Was ist, wenn ein Schotte mit einer brennenden Kerze vor dem Spiegel steht?« (Zweiter Advent)
- Zu Weihnachten gibt es immer viele Geschenke. Wer bringt mir jetzt mehrere verschiedene rote Gegenstände aus diesem Raum? Die Jungen oder die Mädchen?
  Ich gebe sie alle wieder zurück und darf mir dafür das nächste Bonbon nehmen.

*Material: 1 - 2 m lange Kordel, Büroklammern,*
*Bonbons (in Papier gewickelt), Zettel mit Anweisungen*

### 75/3 Weihnachtssymbole raten

Es gibt viele Weihnachtsymbole. Man sollte von jedem Symbol wissen, was es bedeutet.
Zwei möglichst gleich große Kinder stehen sich gegenüber. Bei jedem ist ein Zettel mit einem Weihnachtssymbol mit einer Sicherheitsnadel oder doppelseitigem Klebeband auf dem Rücken befestigt. Jeder will das Symbol des anderen erkennen, aber sein eigenes verbergen. Das geschieht durch geschicktes Ausweichen. (Weihnachtssymbole: Stern, Krippe, Stall, Kerze, Schaf, Hirte, Weihnachtsbaum usw.)
*Material: Zettel mit Weihnachtssymbolen; Sicherheitsnadeln oder doppelseitiges Klebeband*

## 76. Lukas 2, 22-38: Hanna und Simeon

Hanna und Simeon habe viele Jahre auf das Kommen des Messias gewartet. Bei den folgenden Spielen geht es um das Warten.

### 76/1 Zeit schätzen

Die Gruppe soll drei Minuten still sein. Die Kinder bestimmen selbst, ohne auf eine Uhr zu sehen, wann diese drei Minuten zu Ende sind. (Evtl. Uhren vorher einsammeln!)
*Material: Uhr*

### 76/2 Zeitbombe

Im Gruppenraum ist ein Wecker versteckt. Er ist so eingestellt, dass er nach drei Minuten klingelt. Gelingt es ihn innerhalb dieser Zeit zu finden?
Hier sollte ein Gespräch folgen, wie lang oder wie kurz bei diesem Spiel die Zeit empfunden wird.
*Material: Wecker*

### 76/3 Gruppen-Sketche

*Gespräch auf dem Bahnsteig*
Der Zug hat Verspätung – die Reisenden werden den Anschlusszug zum Flughafen nicht erreichen – große Aufregung – Gespräch mit dem Bahnbeamten.

*Der Geburtstag*
Daniel hat sechs Jungen zur Geburtstagsfeier um 16.00 Uhr eingeladen – ein Junge ist gekommen – es wird 16.15 Uhr – Gespräch der Jungen mit der Mutter (Vater), ob sie noch warten sollen.

*Das Indianerfest*
Der Gruppenleiter hat ein großartiges Indianerfest vorbereitet. Es wurden viele Kinder eingeladen. Der Beginn ist auf 16.00 Uhr angesetzt, aber der Leiter ist um 16.10 Uhr noch immer nicht da und die Tür ist abgeschlossen. Vor der Tür drängeln sich die Kinder.

*Alle drei Situationen werden in der Gruppe durchgesprochen und weiterentwickelt und dann an Hand von Stichworten den anderen zwei Gruppen vorgespielt. Dabei soll klar werden, wie schwer das »Warten« werden kann.*

## 77. Lukas 2,41-52: Zwölfjähriger Jesus im Tempel

### 77/1 Lebendige Bibliothek

Der zwölfjährige Jesus kannte die damalige Bibel (das Alte Testament).
Wir schreiben die Namen der Bücher des Neuen Testaments jeweils auf blaue und auf gelbe Pappstreifen. Die jeweiligen Farbstreifen werden gemischt und an zwei Gruppen ausgegeben.

Welche Gruppe hat sie am schnellsten in der richtigen Reihenfolge liegen? Besteht die Gruppe aus weniger als 27 Teilnehmern, kann jeder zwei Streifen hochhalten und bildet so die lebendige Bibliothek.
*Material: gelbe und blaue Pappstreifen mit Namen der bibl. Bücher des Neuen Testaments*

## 77/2 Lebendige Bibelverse

Bekannte Bibelverse oder Gleichnisse werden von Kleingruppen (vier bis sechs Kinder) dargestellt.
Möglich wären

a) aus den Psalmen: Psalm 119,105; Psalm 148,12-13; Psalm 1,1-2; Psalm 4,9; Psalm 24,7; Psalm 23,5; Psalm 119,162.
b) aus dem Neuen Testament: Matthäus 7,13-14; Matthäus 13,44; Matthäus 6,24; Matthäus 13,45; Johannes 10,9; Lukas 11,9.
c) aus Gleichnissen: Lukas 10,30-35 (barmherziger Samariter); Lukas 15,4-7 (verlorenes Schaf); Lukas 15,8-10 (verlorener Groschen); Lukas 15,11-32 (verlorener Sohn).

Es geht nicht um eine Bewertung, sondern um Freude am Darstellen.

## 77/3 Bibel-Stadt-Land-Fluss

Die Schriftgelehrten staunten über Jesus, der so viel wusste.
Wir tragen unser Wissen über die Bibel zusammen. Jeder Teilnehmer erhält ein Blatt Papier und stellt eine Liste mit folgenden Kategorien auf: 1. Biblischer Jungenname; 2. Biblischer Mädchenname; 3. Tiere in Israel; 4. Stadt in Israel; 5. Bibelvers; 6. Christliches Lied. Der Leiter nennt einen Buchstaben aus dem Alphabet und jeder füllt die Felder aus, indem alle Begriffe mit diesem genannten Buchstaben beginnen. Wer alle Felder ausgefüllt hat, ruft »Stopp« und liest seine Wörter vor. Wenn einer das gleiche Wort auf seiner Liste stehen hat, sagt er »hab ich« und jeder streicht dieses Wort durch. Am Schluss werden die nicht durchgestrichenen Worte gezählt.
*Material: Papier, Stifte*

## 78. Matthäus 3, 1-12: Predigt Johannes des Täufers

### 78/1 Der Rufer

Der Rufer (Johannes) ruft zur Umkehr.

Ein Teilnehmer steht mit dem Gesicht zur Wand. Er ist der Rufer. An der gegenüberliegenden Wand stehen die anderen Spieler nebeneinander. Sobald der Rufer »Los« sagt, trippeln alle mit ganz kleinen Schritten nach vorn. (Einen Fuß direkt vor den anderen setzen.) Aber man muss dabei gut auf den Rufer achten. Der Rufer dreht sich manchmal blitzartig um. Sieht er einen, der sich gerade bewegt, so muss dieser sofort zurück zur Startlinie.

### 78/2 Pantomimen — von Menschen, die zu Jesus kamen und anders wurden

In zwei Gruppen lesen wir biblische Berichte von Menschen, denen Jesus geholfen hat und die daraufhin ein neues Leben begannen. Diese Berichte werden als Pantomime eingeübt und der anderen Gruppe vorgespielt.

- Matthäus 9, 1-8: Heilung des Gelähmten
- Lukas 17, 11-19: Heilung der zehn Aussätzigen
- Lukas 19, 1-10: Zachäus
- Apostelgeschichte 9, 1-9: Bekehrung des Saulus

## 79. Johannes 2, 1-12: Die Hochzeit zu Kana

### 79/1 Das Hochzeitspaar

Bei einer Hochzeitsfeier geht es zuerst einmal um das Hochzeitspaar.

Jeder Teilnehmer erhält vom Leiter einen Zettel, auf dem ein Tiername steht. Jedes Tier kommt zweimal vor. Keiner verrät, welches Tier er hat. Auf Kommando des Leiters ahmt jeder den Schrei seines

Tieres nach und sucht dabei seinen Partner. Es gibt also zwei Katzen, Hunde, Kühe, Schafe, Schweine, Elefanten, Krähen, Mäuse usw. Jetzt weiß jeder, mit wem er in dieser Stunde zusammensitzt.
*Material: Zettel mit Tiernamen*

### 79/2 Hochzeitseinkauf

Für eine Hochzeit muss man sehr viele Sachen einkaufen. Sehr leicht wird dabei etwas vergessen. Der Leiter zählt auf: »Ich kaufe für die Hochzeit fünfzig Eier ein.« Sein Nachbar fügt hinzu: »Ich kaufe für die Hochzeit fünfzig Eier und dreißig Pfund Mehl ein.« Der Dritte zählt weiter auf: »Ich kaufe für die Hochzeit fünfzig Eier, dreißig Pfund Mehl und fünfundzwanzig Flaschen Rotwein ein« usw. Wer etwas auslässt, scheidet aus.

### 79/3 Hochzeitsgeschenke

Von jeder Familie der Hochzeitsgäste gibt es am Hochzeitstag viele Geschenke. Welche Familie bringt mehr Geschenke zusammen? Die Zahlen eines Würfels sind mit den Buchstaben B, F, K, L, S, R überklebt. Das Brautpaar (Mitarbeiter) würfelt und die Gäste (Paare aus Spiel 84/1) suchen im Raum nach Gegenständen, die mit dem betreffenden Buchstaben anfangen und bringen sie zum Brautpaar auf einen Platz (Stuhl), der für die jeweilige Familie vorgesehen ist. Natürlich genügt ein Exemplar von jedem Geschenk. Personen, wie »Beate« oder »Bruno« gelten nicht als Gegenstände, und ebenso wenig Eigenschaften wie »blau« oder »bunt«. Achtung: Nicht den Raum verlassen! Beim Gongschlag zählen nur die Geschenke, die die andere Familie nicht hat.
*Material: überklebter Würfel*

## 80. Lukas 5, 1-11: Fischzug des Petrus

### 80/1 Lange Angel

Statt eines Netzes kann man zum Fischfang auch eine Angel gebrauchen.

Wir sorgen für eine Angel mit einer besonders langen Schnur, indem wir in zwei Gruppen Gegenstände (Kleidungsstücke, Gürtel, Schnürriemen – keine Kabel oder Kordeln!) aneinanderreihen und wenn wir nichts mehr finden, legen wir uns selbst hin und fassen die Füße des Vordermanns an.
Die Schnur kann durch den ganzen Raum bis in den Flur und wieder zurückgelegt werden. Welche Gruppe hat die längste »Angel«?

### 80/2 »Ich hab gefischt ...«

Petrus hatte die ganze Nacht vergeblich gefischt.
Die Kinder stehen in Kleingruppen (fünf bis sechs Kinder) im Kreis und halten ihre Hände mit der Handflächen nach oben. Der Fischer (ein Kind) führt seine rechte Hand im Kreis über die Hände der anderen und alle sagen gleichzeitig: »Ich hab' gefischt, ich hab' gefischt, ich hab' die ganze Nacht gefischt und keinen Fisch erwischt.« Bei dem Wort »erwischt« versucht der Fischer auf eine Hand der anderen Kinder zu schlagen, doch die ziehen ihre Hände blitzschnell weg. Ist einer getroffen worden, wird er der Fischer.

### 80/3 Fischfang

Petrus sollte Menschenfischer werden. Wie viele Fische (Menschen) fangen wir?
Mindestens vierzehn Kinder, wenn möglich mehr, sind nötig. Sechs (oder mehr) Kinder stehen nebeneinander an der Wand des Raumes (oder draußen). Weitere sechs Kinder stehen an der gegenüberliegenden Wand. In der Mitte befinden sich zwei Fischer.
Auf Kommando des Leiters läuft jeder Fischer zu einem Kind (jeder zu einer anderen Wand), macht eine Verbeugung, dreht sich um und das Kind fasst den Fischer an der Hüfte und läuft mit ihm zur entgegengesetzten Seite. Dort gibt es wieder eine Verbeugung des Fischers und dieses Kind schließt sich dem ersten Kind an. Dann sind es schon zwei, die mit dem Fischer eine Schlange bilden. Das geht so lange, bis alle Kinder zu einer Schlange gehören. Am Schluss zählen die Fischer ihre Fische. Wer hat mehr?
*Vorsicht: Der Leiter bleibt in der Mitte stehen. Eine Schlange bleibt rechts, eine links vvfon ihm, damit Zusammenstöße vermieden werden.*

# 81. Markus 2, 1-12: Heilung des Gelähmten

### 81/1 Robben

Der Gelähmte konnte seine Beine nicht bewegen.
Jeder muss auf dem Bauch über den Boden robben (bitte nur auf Teppichboden oder sauberem Boden). Er darf sich nur mit den Armen vorwärts ziehen.

### 81/2 Ball-Transport

In einer Staffel muss jedes Kind mit einem Ball zwischen den Knien eine bestimmte Strecke zurücklegen.
*Material: 2 Bälle*

### 81/3 Krankentransport

*a) Für die Jüngeren*:
Jedes Kind darf mit einem Spielzeugauto eine Puppe über eine bestimmt Strecke zu einem Tisch (Haus) fahren. Dort wird die Puppe auf ein Tuch gelegt und mit zwei Stricken (Bändern oder Gürtel) auf den Tisch gehoben. Nach der Erzählung wird die Puppe vorsichtig auf dem Tuch vom Tisch heruntergelassen.
Dann wird das Tuch auf die Puppe gelegt und die Puppe »geht« mit dem Tuch auf dem Rücken aufrecht den Weg zurück.
*Material: Puppe, Tuch, Stricke (Bänder, Gürtel), Tische*

*b) Für die Älteren:*
Jeweils vier Kinder tragen ein fünftes Kind auf einer Decke einen Parcours entlang. Dieser Parcours ist durch das Aufstellen von leeren Flaschen o. Ä. ziemlich eng begrenzt und führt zu einem Tisch, auf den der »Kranke« gelegt wird.
Bei wessen Transport werden die wenigsten Flaschen berührt?
*Material: Decke, Flaschen o. Ä., Tisch*

### 81/4 Weitere Aktivitäten

a) Danklied des Geheilten dichten. (Man kann eine vorgegebene Melodie verwenden. Zum Beispiel: »Danke, Herr Jesus«, oder: »Danke für diesen guten Morgen«.)
b) Bewegungen einbeziehen: laufen, springen, stehen, liegen, hüpfen, klatschen usw.
c) Erzählen, wie Gott bei Krankheiten geholfen hat.
c) Kranke erfreuen, indem wir sie besuchen (nach Absprache) oder Briefe oder Karten mit Bildern von der Erzählung malen und an die Kranken schicken.

*Material: Stifte, Papier oder Karten*

## 82. Markus 2, 13-17: Berufung des Zöllners Levi

### 82/1 Geld zählen

Ein Zollbeamter kennt die Geldstücke.
Zwei Zöllner zählen mit verbundenen Augen die gleiche Anzahl verschiedener Münzen. Wer zählt den genauen Wert?
*Material: Münzen verschiedener Größe*

### 82/2 Schmuggler fangen

Die Schmuggler sitzen im Kreis. Jeder der Schmuggler hat eine Nummer (vorher abzählen und dann die Plätze tauschen). Im Kreis steht mit verbundenen Augen der Zöllner. Er ruft zwei Nummern auf. Diese Schmuggler müssen nun die Plätze tauschen. Der Zollbeamte versucht, einen von beiden dabei zu fangen. Es können sich auch zwei Zöllner betätigen.
*Material: Tücher*

### 82/3 Sehtest

Zöllner brauchen gute Augen und ein gutes Gedächtnis.
Acht Gegenstände werden auf einem Tablett (Tisch) für zwanzig

Sekunden gezeigt und dann abgedeckt. Welcher Zöllner kann die meisten Gegenstände nennen?
*Material: Tablett mit 8 Gegenständen, Tuch*

## 83. Markus 4, 1-20: Gleichnis vom vierfachen Ackerfeld

Auf das Rechte Hören und Folgen kommt es an.

### 83/1 Stille Spiel
Zuerst reden alle Kinder durcheinander. Auf ein Zeichen ist alles ganz still. Nach ein bis zwei Minuten Stille gibt es einen Austausch über die Geräusche, die man gehört hat.

### 83/2 Geräusche-Test
Verschiedene Geräusche werden vor der Stunde auf Kassette aufgenommen. Jedes Kind notiert auf einen Zettel, welche Geräusche es erkennt.
*Material: Kassettenrekorder, Kassette mit div. Geräuschen, Papier, Stifte*

### 83/3 Stille Post
Die Kinder sitzen in zwei Reihen eng nebeneinander. Ein langes Wort wird von Ohr zu Ohr geflüstert. Was kommt beim Letzten an?

### 83/4 Die richtige Stimme hören
Es werden drei oder vier Paare gebildet. Einer ist jeweils der Chef. Der Partner ist der Sekretär, der das Diktat seines Chefs aufschreiben muss. Alle Paare sitzen sich in den äußersten Ecken des Raumes gegenüber. Jeder Chef hat einen anderen Text.
Dieser wird laut diktiert. Die Schreiber müssen sich nur auf ihren Chef konzentrieren und aufschreiben, was er sagt. Welches Paar hat am schnellsten alle fünf Sätze richtig diktiert und aufgeschrieben?
*Material: 3 oder 4 Zettel mit Texten, Papier, Stifte*

## 83/5 Hören und Folgen

Zwei Kinder verlassen den Raum. Die Gruppe bestimmt, welcher Gegenstand von den beiden berührt werden soll. Die beiden werden nacheinander hereingerufen.
Auf Kommando des Leiter »Achtung – fertig – los« läuft die Stoppuhr. Der Sucher wird durch leises und lautes Klatschen gelenkt. Je näher er dem Gegenstand kommt, umso lauter wird geklatscht. Die Zeit wird gestoppt und mit dem zweiten Sucher verglichen. Sie mussten hören und dem Klatschen folgen.
Als Christ hören wir nicht nur auf die Eltern und Lehrer, sondern auch auf Jesus. Hier sollte sich ein Gespräch anschließen, wie wir Gottes Stimme hören können: im Herzen; beim Gottesdienst; beim Bibellesen; beim Gebet usw. Wichtig ist, dass diese Erklärung schon während des Spiels erfolgt.
*Variante:* Die Sucher müssen die Brille oder das Ohr des Leiters berühren. Der Leiter geht natürlich im Raum umher, sodass die Sucher verwirrt werden.
Fazit: Manchmal ist die Stimme Gottes deutlich und laut zu hören, manchmal scheint Gott weit weg zu sein.
*Material: Stoppuhr*

## 83/6 Anspiele zu den vier Ackerfeldern

Auf ein Blatt zeichnet jedes Kind vier gleich große Quadrate. In das erste Quadrat wird ein Weg gemalt. Dazu kommen die Worte: »Hören und sofort vergessen.« Im zweiten Quadrat malen wir Steine; die dazugehörigen Worte lauten: »Wenn es schwer wird, versagen wir.« Ins dritte Quadrat werden Dornen gezeichnet und dazu die Worte notiert: »Anderes ist wichtiger.« Ins vierte Quadrat zeichnen wir das gute Land voller Ähren. Dazu kommen die Worte: »Hören und tun.«

Folgende Kurzszenen können vorgelesen oder gespielt werden (die Personen sollen dann den Feldern zugeteilt werden):

1. Jan weiß immer eine Antwort, wenn der Jungscharleiter etwas fragt. Auch heute als die Kinder überlegen, wo man Gelegenheit hat,

jemandem zu helfen. So sagt er: »Wenn da eine alte Frau einen schweren Koffer schleppt, den kann man ihr abnehmen.«
Inzwischen ist die Stunde längst zu Ende. Bernd, der Jungscharleiter, ist auf dem Heimweg. Da wird er aufgehalten. Mitten auf dem vereisten Bürgersteig sitzt ein altes Mütterchen und versucht vergeblich auf die Beine zu kommen. Rund um sie her liegen Äpfel und Apfelsinen, die ihr aus der Einkaufstasche gekullert sind.
Bernd: »Kann ich Ihnen helfen?«
Frau: »Ne sowas! Diese Bengel! Statt, dass sie einem ein bisschen helfen, glitschen sie einem vor den Füßen herum, bis die Straße so glatt ist, dass man gar nicht mehr drauf gehen kann. Und wenn man dann fällt, kümmern sie sich nicht darum. – Au, mein Rücken. Nun sehen Sie sich bloß die Frechheit an. Da kommt doch schon wieder einer angeschlittert. Den kenn' ich. Der war vorhin schon dabei.«
Sssst, saust der Junge heran. Der Bürgersteig ist eine einzige Eisbahn. Das Zetern der alten Frau lässt ihn kalt. Doch als er Bernd entdeckt, stutzt er plötzlich, macht auf der Stelle kehrt und stürzt hastig davon. Aber das nützt nichts. Bernd hat ihn schon erkannt. Es war Jan. Ob er alles wieder vergessen hat? Bitte schreibe seinen Namen in das dazu gehörende Quadrat.

2. Heidi gehört zu den Kindern, die sofort wissen, wie man anderen helfen kann. Da erzählt der Missionar von einem Waisenhaus in Afrika. Da muss man doch etwas tun. Also ein Blick in die Sparbüchse. Hm, viel ist nicht drin: sechs Euro. Ja, die fünf Euro wird sie am Sonntag zur Kinderkirche mitnehmen und für die Waisenkinder spenden. Für die eine Euromünze kauft sie sich noch ein richtig gutes Eis. Am Samstag kommt Uli in die Schule und sagt: »Leute, gestern habe ich einen Film gesehen, ich sage euch, die Wucht. Den muss man einfach gesehen haben!«
Heidi: »Läuft er noch?«
Uli: »Ja natürlich.«
2. Mädchen: »Dann gehen wir alle zusammen hin, ja?«
Uli: »Klasse dann gehe ich auch noch mal mit, einfach sagenhaft.«
2. Mädchen: »Und du Heidi, unser frommes Schäfchen, wie ist das mit dir?«

Uli: »Du machst wohl wieder nicht mit, was? Sonst schimpft die liebe Mutti, oder?«
Heidi: »Wer sagt denn, dass ich nicht mitgehe?«
Uli: »Hast du denn überhaupt fünf Euro dafür?«
Heidi: »Natürlich habe die.«
Und so wandern die fünf Euro, die den Waisenkindern helfen sollten, in die Kinokasse am Nikolaiplatz. Die Probe war zu schwer gewesen für Heidi. Es ist doch nicht leicht, gegen den Strom zu schwimmen. Welches Bild passt für Heidi?

3. Birgit hat sich sehr eifrig gemeldet, als Bernd fragt, wer in dieser Woche ein richtiger Helfer sein will. Sie hat sogar den Vorschlag gemacht: »Wir müssen mal wieder im Altenheim singen.« Nach der Stunde hat sie es allerdings sehr eilig, denn ihre Freundin hat zu ihrem Geburtstag einen kleinen Goldhamster bekommen. Den muss sie doch unbedingt noch sehen. So schnell sie können, laufen die beiden die Straße hinab. »Birgi«, ruft ihr sechsjähriger Bruder ihr nach, »Birgi, Birgi«, aber Birgit ist schon verschwunden.
»Birgit«, ruft auch Frau Hellmann, die Leiterin des Kindergartens. An der Hand hat sie die dreijährige Rita und den zappelnden Jürgen. Birgits Geschwister, die Birgit nach Hause bringen soll. Aber Birgit ist schon über alle Berge. Zum Glück ist die zwölfjährige Julia noch da. So ziehen die beiden Kleinen mit Julia los. Aber nach einer Viertelstunde ist es Julia leid. Sie meint, dass die beiden den Weg nach Hause allein finden.
Jürgen zieht jedoch seine kleine Schwester so heftig vorwärts, dass sie hinpurzelt und entsetzlich zu Brüllen anfängt. Eine Nachbarin tröstet die beiden Kinder und bringt sie zur Mutter – nicht ohne zu bemerken, was für ein Leichtsinn es doch ist, zwei so kleine Kinder alleine auf die Straße zu schicken.
Ihr könnt euch denken, wie Birgit empfangen wird, als sie endlich von ihrer Hamsterbesichtigung zurückkehrt. Sie hatte die beiden tatsächlich vergessen. Der putzige kleine Hamster war ihr wichtiger als alles andere. Gehört Birgit zu dem Weg mit den Steinen oder zu den Dornen?

4. Claudia hat ihr Leben Jesus Christus anvertraut. Sie möchte so gerne für ihn da sein. Heute ist es so heiß, dass die Kinder das Ende der Schulstunden kaum abwarten können. Natürlich gehen sie gleich Schwimmen. Das ist doch klar. Alle freuen sich darauf.
Zu Hause sagt ihr aber die Mutter: »Frau Wenzel hat sich so gefreut, dass du ihre Janet im Krankenhaus besuchen willst. Sie selbst kann heute nicht und sonst bekommt Janet bestimmt keinen Besuch. Dafür liegt sie schon zu lange im Krankenhaus. Ihre anderen Freundinnen sind alle in den ersten Tagen mal hingegangen und denken, damit sei die Sache abgetan. Also heute Nachmittag freut sich Janet auf dich, lässt dir Frau Wenzel sagen.«
Claudia: »Da habe ich gar nicht mehr dran gedacht. Muss das denn gerade heute sein?«
Mutter: »Ja natürlich – am Mittwoch geht ihre Mutter wieder hin.«
Claudia: »Und dabei hab ich mich so aufs Schwimmen gefreut!«
Mutter: »Ach so – ja du musst schon selbst wissen, was wichtiger ist. Das Schwimmen oder deine Freundin mit ihrem gebrochenen Bein.«
Claudia: »Ausgerechnet heute!«
Es ist ein richtiger Kampf. Aber eine Stunde später sitzt sie doch an Janets Bett. Als sie sieht, wie sehr sich Janet freut, tut es ihr nicht mehr Leid, dass sie nicht zum Schwimmen kommt. Gut, dass ich hierher gegangen bin, denkt sie, wirklich gut!
In welches Quadrat gehört Claudias Name?
*Material: Papier, Stifte*

## 84. Markus 4, 35-41: Sturmstillung

### 84/1 Wer ist im Boot?

Die Spieler sitzen im Kreis und merken sich die Namen ihres rechten und linken Nachbarn. Einer steht im Kreis. Er wirft einem Spieler ein Tuch zu und ruft dabei entweder »Steuerbord« oder »Backbord«. Bei Steuerbord muss derjenige, dem das Tuch zugeworfen wurde, den Namen seines rechten Nachbarn nennen. Bei Backbord wird der

Name des linken Nachbarn gefordert. Weiß der Angesprochene den richtigen Namen nicht, muss er in die Mitte und der andere Spieler bekommt seinen Sitzplatz. Wenn »Orkan« gerufen wird, müssen alle die Plätze tauschen.
*Material: Tuch*

**84/2 Ozeanwelle**
Alle Kinder sitzen im Kreis. Die Stühle werden eng aneinander gestellt. Ein Spieler steht als Kapitän in der Mitte. Er übernimmt das Kommando. Wenn er ruft »nach rechts«, müssen alle nach rechts rücken. Bei dem Kommando »nach links« geht das Ganze in die andere Richtung. Wenn der Kapitän einen freien Stuhl erwischt hat, muss derjenige, der nicht schnell genug nachgerückt ist, als Kapitän in die Mitte.
*Material: Stühle*

**84/3 Dalli — Dalli**
Durch das Wunder auf dem See Genezareth erkennen die Jünger neu, wie und wer Jesus ist.
In zwei Gruppen sammeln wir Eigenschaften von Jesus. Jede Gruppe nennt abwechselnd eine Eigenschaft. Wer innerhalb von zehn Sekunden keine mehr weiß, hat verloren.
Das gleiche kann man mit Bezeichnungen über Jesus Christus machen. Dazu kann man jeweils sagen: »Jesus ist mein(e) ... Weg – König – Hirte – Burg – Beschützer« usw.
*Material: evtl. Papier, Stifte*

**84/4 Das »Jesus-Plakat«**
Auf zwei großen Plakaten stehen kreuz und quer verschiedene Buchstaben. Die Überschrift lautet »Jesus ist mein ...«. Nun schreiben die Kinder in jeder Gruppe zu den Anfangsbuchstaben die Fortsetzung der Buchstaben, wer oder was Jesus für sie ist.
Danach gibt es einen Austausch, warum wir gerade diese Bezeichnung gewählt haben.
*Material: 2 Pappen, Stifte*

## 85. Markus 5, 21-24.35-43: Auferweckung der Tochter des Jairus

### 85/1 Retter-Lauf

Eine Gruppe fängt, die andere Gruppe läuft weg. Die Abgeschlagenen müssen sich hinlegen. Die noch nicht abgeschlagen sind, laufen zu den Liegenden, nehmen sie bei der Hand und holen sie sozusagen zurück ins Leben. Diese laufen wieder und retten ebenfalls andere. Das Spiel ist beendet, wenn es den Fängern gelungen ist, dass von der Gegenpartei alle liegen. Am Schluss kommt der Leiter und »rettet« jeden Spieler, indem er ihn an der Hand emporzieht. Danach wechseln die Gruppen.

### 85/2 Zeit schätzen

Jesus wird auf dem Weg zu der Tochter des Jairus aufgehalten. Er nimmt sich für die kranke Frau Zeit. Er tut alles zur rechten Zeit. Die Kinder sollen schätzen, wie lange eine Minute dauert. Nacheinander dürfen sie schätzen, ohne auf die Uhr zu sehen, wann die Minute zu Ende ist.
*Material: Uhr mit Sekundenzeiger*

## 86. Markus 7, 31-37: Heilung eines Taubstummen

Der Taubstumme konnte weder hören noch sprechen. Es ist nicht so ganz einfach, sich ohne Sprache auszudrücken. Es geht jedoch durch Zeichnen und Bewegungen (Pantomimen).

### 86/1 Montagsmaler

Der Leiter hat verschiedene biblische Geschichten auf Karten notiert. Zwei bis vier Gruppen sitzen an Tischen und haben Zeichenpapier und Stifte vor sich liegen.

Von jeder Gruppe geht ein Kind zu dem Leiter und liest dort auf einer Karte die erste biblische Geschichte (s. u.). Diese Geschichte zeichnet es seiner Gruppe vor, ohne etwas dazu zu sagen. Derjenige, der zuerst die Geschichte erkennt (bitte leise sprechen, damit die Nachbargruppe es nicht mitbekommt!), läuft zum Leiter und liest dort die zweite Geschichte, um sie seiner Gruppe vorzumalen. Welche Gruppe ist am schnellsten fertig?
Für unser heutiges Thema wählen wir Geschichten, in denen Menschen Gottes Hilfe erlebten:
- Heilung des Gelähmten mit den vier Freunden,
- Heilung des blinden Bartimäus,
- Speisung der Fünftausend,
- Stillung des Sturms,
- Heilung des Gelähmten vor dem Tempel,
- Jesus geht auf dem See,
- Bekehrung des Saulus vor Damaskus,
- Daniel in der Löwengrube,
- Jesus ruft Zachäus.

*Material: vorbereitete Karten, Zeichenpapier, Stifte*

## 86/2 Pantomimen-Botschaft

Eine wichtige Botschaft wird durch Pantomime bekannt gemacht. Die Anfangsbuchstaben der dargestellten Berufe und Tätigkeiten ergeben den gedachten Satz.
Der Leiter zeigt die Worte nacheinander auf einer Overheadfolie oder einem Plakat und alle Kinder machen die Bewegungen. Sechs Kinder – drei Jungen und drei Mädchen – sehen nur auf die Kinder und raten den Beruf oder die Tätigkeit: Jäger, Eisverkäufer, Schreiner, Uhrmacher, Schwimmen, Handballspielen, Einmachen, Impfen, Lehrer, Tanzen = »Jesus heilt«.
*Variante:* Nur einer macht die Pantomime und alle raten.
*Material: Overheadfolie oder Plakat mit Stichworten*

# 87. Johannes 4, 1-26: Die Frau am Jakobsbrunnen

## 87/1 Wassertransport

In einer bestimmten Zeit muss so viel Wasser wie möglich zum Ziel gebracht werden.

In zwei Gruppen laufen die Spieler mit einem Joghurtbecher (gefüllt mit Wasser) auf dem Kopf zu ihrem Eimer. Auf dem Weg müssen sie über einen Stuhl steigen. Das Wasser aus dem Joghurtbecher gießen sie in den Eimer. Dann laufen sie mit dem leeren Becher zurück und übergeben ihn dem nächsten Mitspieler. Welche Gruppe hat mehr Wasser in ihrem Einer?

*Material: Joghurtbecher, Messbecher, leerer Eimer, Eimer mit Wasser, Stuhl*

## 87/2 Wer bist du?

Die Frau am Jakobsbrunnen fragte sich, wer Jesus ist: ein durstiger Wanderer, ein Jude, ein Lehrer, ein Prophet, der Messias?

Jeweils zwei Kinder stehen sich gegenüber. Der Leiter hat Zettel vorbereitet, auf denen die Namen bekannter Personen stehen. Während der Erste der beiden zur Wand sieht, zeigt der Leiter dem Zweiten und der ganzen Gruppe den Namen.

Dann sieht der Zweite zur Wand und der Leiter zeigt den zweiten Namen. Die beiden fragen so, dass der andere nur mit »Ja« oder »Nein« antworten muss. Nach einer Nein-Antwort ist jeweils der andere mit seiner Frage dran. Gewöhnlich beginnt man mit der Frage: »Bist du ein Mann?« – »Kommst du in der Bibel vor?« – »Lebst du noch heute?« usw. Man kann Gestalten der Bibel nehmen oder aus dem Bekanntenkreis, zum Beispiel aus der Gruppe …

*Material: vorbereitete Zettel mit den Namen bekannter Personen*

## 88. Johannes 4, 43-54: Der Sohn des königlichen Beamten

### 88/1 Blind gehorchen bei großer Stille

Der königliche Beamte vertraute blind den Worten von Jesus.
Ein Kind lässt sich mit verbundenen Augen auf einen Weg um verschiedene Hindernisse führen. Es wird nichts gesagt. Die Führung geschieht lautlos, nur durch Berühren mit einer Fingerspitze.
*Material: Tuch, Hindernisse*

### 88/2 Richtig hinhören bei großem Lärm

Immer kommt es im Leben mit Jesus darauf an, dass wir auf seine Stimme hören, auch wenn es noch so laut um uns herum ist. Bestimmt hatte der Hauptmann auch Fragen: »Stimmt das, was Jesus sagte?« Aber er eilte zielbewusst nach Hause, weil er Jesus vertraute.
Wir bilden jeweils Paare, die sich im Raum gegenüber stehen. Jeweils einer des Paares hat die Augen verbunden. Er muss auf Anweisung seines Partners quer durch Raum zu ihm finden. Im Raum stehen natürlich Stühle und Tische durcheinander. Wer findet sich in dem lauten Durcheinander?
*Material: Tücher*

## 89. Matthäus 14, 13-21: Die Speisung der Fünftausend

### 89/1 Früchte erraten

Um mehr als fünftausend Menschen satt zu machen, sind normalerweise viele Lebensmittel notwendig. Bei Jesus genügten fünf Brote und zwei Fische.
Wir haben in einem Beutel verschiedene Früchte, die durch Tasten erraten werden sollen. Die Spieler sollten nichts dabei sagen, sondern sich die Lebensmittel merken und dann notieren. Wer hat die meisten Früchte aufgeschrieben?
*Material: Beutel, verschiedene Früchte, Stifte, Zettel*

### 89/2 Apfel fischen

Manchmal ist es nicht so einfach, an einen Apfel zu kommen. Das gilt besonders dann, wenn er in einer Schüssel oder einem Eimer im Wasser schwimmt und nur mit den Zähnen herausgeholt werden darf. Wer schafft es wohl?

*Material: Eimer oder Schüssel mit Wasser, Äpfel, Handtuch*

### 89/3 »Wir haben Hunger«

Wir singen das »inhaltreiche« Lied »Wir haben Hunger, Hunger, Hunger, haben Hunger, Hunger, Hunger, haben Hunger, Hunger, Hunger, haben Durst. Wo bleibt das Essen, Essen, Essen, wo bleibt das Essen ... bleibt die Wurst?«

## 90. Matthäus 14, 22-33: Jesus auf dem See

### 90/1 Gegenwind

Die Jünger sollten mit ihrem Schiff am Ufer entlang vorausfahren und dann Jesus später aufnehmen. Durch den Wind wurden sie stundenlang vom Ufer weg über den See getrieben.

Wir sitzen alle ganz eng um einen Tisch herum. Auf dem Tisch ist ein Tischtennisball, den wir von uns wegpusten. Derjenige, an dessen rechter Seite der Tischtennisball vom Tisch fliegt, muss einen Pfand abgeben, das er später durch das Lösen einer Aufgabe wieder erhalten kann.

*Material: Tischtennisball, Tisch*

### 90/2 Starke Fischer

Die Jünger hatten einen anstrengenden Tag hinter sich. Zuerst ruderten sie das Schiff von Kapernaum über den See Genezareth zum gegenüberliegenden Ufer. Dann hatten sie an mehr als fünftausend Menschen Brote und Fische zu verteilen und jetzt ruderten sie stundenlang gegen den Wind.

Wir stellen fest, wer am Stärksten ist durch: Ellbogendrücken, Fingerhakeln, Armtest: mit beiden ausgestreckten Armen wird ein volles Glas Wasser gehalten. Wer kann es am längsten?
*Material: Glas mit Wasser*

## 91. Markus 10, 13 - 16: Jesus und die Kinder

### 91/1 Wächter überwinden

Zwei Wächter verhindern den Zugang zum Leiter, der sich an der gegenüberliegenden Seite des Raumes befindet. In der Gruppe bilden sich Paare, bei denen jeweils der Älteste den Jüngsten huckepack trägt (oder bei der Hand nimmt). Sie werden auf dem Weg zum Leiter von den Wächtern durch Abschlagen gestoppt und müssen stehen bleiben.
Im Umkreis von drei Metern zum Leiter können sie nicht mehr abgeschlagen werden. Der Leiter geht dann zu den Stehengebliebenen und führt sie an der Hand zu seinem Standpunkt.

### 91/2 Brückenwache

Ein ca. sechs Meter breiter und zwei Meter tiefer, abgesteckter oder mit Kreide aufgemalten Abschnitt (Brücke) wird durch einen Wächter bewacht. Die Kinder versuchen ohne abgeschlagen zu werden hinüberzukommen. Die Abgeschlagenen werden als unbewegliche Posten auf die Brücke gestellt. Sie dürfen den Platz nicht verlassen, sondern können nur in Armweite abschlagen. Wer kommt ans Ziel, ohne abgeschlagen zu werden?
*Material: Kreide*

# 92. Markus 10, 17-27: Der reiche junge Mann

## 92/1 Große Schritte

In der Nachfolge, zu der uns Jesus ruft, geht es immer um ganz bestimmt Schritte.

Jeder legt eine bestimmt Strecke (die Länge des Raumes, um einige Tische herum) mit möglichst wenigen Schritten zurück. Wer braucht die wenigsten Schritte?

## 92/2 Genaue Schritte

Immer wieder ist es wichtig, dass wir die Zukunft, also die nächsten Schritte, voraussehen und möglichst richtig planen. Es können dabei wichtige oder unwichtige Dinge sein (große oder kleine Schritte), wichtig ist das Ergebnis, das Ziel.

Alle bekommen die Aufgabe, genau fünf Meter zu gehen. Erst wenn alle einen Versuch gemacht haben, werden mit dem Meterstab die fünf Meter abgemessen. Wer ist dem Ziel am nächsten? Sind wir uns im Klaren darüber, wohin unsere Schritte uns führen?

*Material: Meterstab*

## 92/3 Ja- und Nein-Stuhl

Die Kinder stehen sich in zwei gleich langen Reihen gegenüber. Die gegenüberstehenden Kinder bekommen die gleiche Zahl. So steht Kind Nr. 1 dem Kind Nr. 1 gegenüber. Dann folgt auf jeder Seite Nr. 2 und so weiter. An beiden Enden der Reihen steht ein Stuhl. An dem Stuhl ist ein Papierbogen mit einem großen »Ja« befestigt, an dem anderen Stuhl befindet sich das »Nein«-Papier.

Der Leiter stellt eine Frage und sagt eine Zahl. Die Frage darf nicht laut beantwortet werden. Die beiden Spieler, die die genannte Zahl haben, setzen sich auf den richtigen Stuhl. Wer sitzt zuerst dort? Man kann allgemeine Fragen stellen. Sie können sich aber auch auf die Texte der vergangen Stunden beziehen.

Beispiel für allgemeine Fragen:

– Geht die Sonne im Westen unter? (ja)
– Haben wir heute Montag, den …?
– Ist der große Zeh am linken Fuß rechts? (ja)
– Ging Noah mit sechs Leuten in die Arche? (nein, mit 7)
Zur Überleitung zur Geschichte könnte man die Frage stellen:
– Kann man sicher wissen, dass man in den Himmel kommt? (ja)
Diese Frage beschäftigte den jungen reichen Mann.

*Material: 2 Stühle, 2 Papierbogen*

## 93. Markus 10, 46-52: Heilung des Bartimäus

Spiele um Licht und Finsternis

### 93/1 Jakob, wo bist du?

Die Kinder stehen im Kreis. Zwei Kindern innerhalb des Kreises werden die Augen verbunden. Ein Kind muss das andere Kind abschlagen. Es ruft: »Jakob, wo bist du?« Das zweite Kind muss sich melden und dann immer wieder ausweichen, um nicht gefunden zu werden. Leben in völliger Dunkelheit ist schwer.

*Material: 2 Tücher*

### 93/2 Zeichenkünstler

Die Kinder versuchen mit verbundenen Augen an einer Tafel oder auf einem Papier sich selbst oder ein Tier zu zeichnen.

*Material: Tafel und Kreide oder Papier und Stifte, Tücher*

### 93/3 Taschenlampen-Detektive

Spiel im abgedunkelten Raum. Vier oder fünf Spieler gehen vor die Tür. Der Leiter versteckt mit den Kindern einen besonderen Gegenstand. Die Spieler bekommen jeweils eine Taschenlampe und suchen den versteckten Gegenstand. Wer beleuchtet ihn zuerst?

*Material: 4-5 Taschenlampen*

# 94. Lukas 19, 1-10: Zachäus

Zachäus wusste, wie man mit Geld umgeht. Es kam nur leider manchmal an den falschen Ort.

## 94/1 Münzen zielen

Der Spieler streckt den Kopf nach hinten und legt eine Münze auf seine Stirn. Vor ihm liegt auf dem Boden eine aufgeschlagene Tageszeitung. Nun hat er die Aufgabe, die Münze so zu werfen, dass sie auf die Zeitung landet. Wer wirft seine Münze auf den richtigen Platz?
*Material: Zeitung, Münze*

## 94/2 Münzen schätzen

In einem großen Glas befinden sich viele Münzen. Bitte schätzen, wie viele es sind!
*Material: Münzen, Glas*

## 94/3 Münzen stapeln

Wir stapeln Münzen so hoch wie möglich. Wer schafft den höchsten Turm?
*Material: viele Münzen*

## 94/4 Münzen auf der Kante

Wer stellt die meisten Münzen einzeln aufrecht auf ihre Kante?
*Material: viele Münzen*

## 94/5 Anspiel: Zollstation

Mit zwei Stühlen und einem Besen wird eine Zollschranke gebaut. Zwei oder drei Zollbeamte prüfen jedes Gepäckstück und nehmen unberechtigt erhöhte Zollgebühren von den Reisenden, die sich mit ihren Taschen schimpfend der Zollschranke nähern. Natürlich gibt dort ein Streitgespräch.

Am nächsten Tag kommt die gleiche Gesellschaft schimpfend zur Schranke. Doch dieses Mal werden die Reisenden gefragt, wie viel Zollgebühren ihnen beim letzten Mal zu viel abgefordert wurden. Sie erhalten viermal so viel zurück. Auf die Frage »wieso« folgt die Erzählung.
*Material: Reisetaschen, Rucksäcke, 2 Stühle, Besen, Geld*

## 95. Markus 12, 41-44: Die Gabe der armen Witwe

Spiele um Geldstücke

### 95/1 Münzen rollen
Wer lässt seine Münzen am weitesten rollen?
*Material: Münzen*

### 95/2 Münzen werfen
Manche Leute können nicht genug Geld bekommen. Jeder Bewerber kann sich so viele Münzen, wie er will, auf seinen Handrücken legen. Dann wirft er sie ca. zehn bis zwanzig Zentimeter hoch und versucht nun, möglichst viele von ihnen mit der Innenseite der Hand wieder aufzufangen. Dann werden die gefangenen Münzen gezählt und die heruntergefallenen Münzen von ihnen abgezogen.
*Material: Münzen*

### 95/3 Münzen fuchsen
Wir stellen zwei längliche Tische hintereinander. Jeder Spieler versucht, seine Münzen so nah wie möglich an das Ende des Tisches zu werfen. Das letzte Stück des Tisches ist mit Kreide oder bunten Klebepunkten markiert: fünf Zentimeter vom Rand = fünfzig Punkte; zehn Zentimeter vom Rand = dreißig Punkte; zwanzig Zentimeter vom Rand = zehn Punkte; dreißig Zentimeter vom Rand = fünf Punkte.
*Material: Tische, Münzen, Maßband, Klebepunkte oder Kreide*

### 95/4 Die Geldgeschichte

Wir denken uns die Geschichte einer Münze aus. Der Leiter beginnt und alle drei Minuten erzählt ein Kind die Geschichte weiter.

### 95/5 Die Kette

*Erzählung nach einer Zeitungsnotiz (auch als Anspiel geeignet)*
Die fünfjährige Julia bewundert im Juweliergeschäft einige Ketten mit wunderschönen echten Steinen. Im Laden sagt sie: »Meine Schwester hat Geburtstag und ich möchte ihr so gerne eine ganz schöne Kette schenken. Diese hier ist so schön – ich habe noch nie so etwas Schönes gesehen. Ich habe ganz arg gespart und jetzt ist es so weit. Das ist alles, was ich hab'. Reicht das?« Sie legt umständlich 7,39 Euro in vielen Münzen auf die Theke und schaut ängstlich den Juwelier an. Der zögert, dann sagt er kurz entschlossen: »Ja, es reicht für dich. Wir wollen sie ganz schön für deine Schwester einpacken.« Am nächsten Tag erscheint die sechzehnjährige Schwester mit der Kette und fragt: »Hat meine kleine Schwester die Kette bei Ihnen gekauft? Sind die Steine echt? Hat sie denn das Geld dafür gehabt?« – »Ja«, sagt der Juwelier, »sie hat alles gegeben, was sie hatte und das ist genug.«
*Material: Ketten, Münzen*

## 96. Lukas 10,25-37: Der barmherzige Samariter

### 96/1 Der Überfall

Drei oder vier Räuber überfallen die Gruppe. Sie haben ein Handtuch oder Schal mit einem Knoten und versuchen die Opfer mit dem Tuch am Po zu treffen. Wer getroffen wurde, legt sich auf den Boden. Wenn alle getroffen sind, wird gewechselt.
*Material: Handtücher oder Schals*

### 96/2 Blind vorübergehen

Auf dem Boden wird mit Zeitungen ein Parcours markiert, den die Kinder möglichst schnell bewältigen sollen, indem sie von Zeitung zu

Zeitung springen, auf einem Bein hüpfen o. Ä. Nachdem alle die Aufgabe erfüllt haben, werden gemeinsam die Zeitungen näher betrachtet. Diese enthalten unter anderem Bilder und Berichte von hilflosen Menschen und Außenseitern. Dadurch kann deutlich werden, wie achtlos wir oft an der Not anderer vorübergehen und diese nicht wahrnehmen.
*Material: Zeitungen, Illustrierte*

**96/3 Erzählung mit Musik**
Die Geschichte vom barmherzigen Samariter wird anhand einer Kinderbibel langsam vorgelesen. Die Geschichte darf ruhig etwas ausgeschmückt werden. Dabei werden die einzelnen Sätze von den Kindern musikalisch untermalt.
– Ein Mann ging … (gleichmäßiges Schlagen mit zwei Holzstäben).
– Er bleibt stehen und hört in der Ferne ein Geräusch … (zeitweiliges Reiben mit den Stäben).
– Tauben gurren … (nachahmen mit Hilfe einer Papprolle).
– Unterwegs überfielen ihn Räuber … (laute Geräusche durch Zimbel, Topfdeckel oder Trommel).
– Dann ließen die Räuber ihn verletzt liegen (viele Schritte leiser werdend; Stille). – Ein Priester kam … (langsame Schritte, lauter – Stille – schnell weggehend).
– Ebenfalls ein Levit … (die gleichen Geräusche).
– Ein Samariter mit Esel … (Schläge mit Holzstäben und auf Holzbrett oder Holztrommel, Stille). – Er ging zu dem Verletzten hin … (Schritte).
– Er behandelte seine Wunden … (ruhige Melodie per Flöte oder Geige).
– Dann brachte er ihn … (Schritte mit Stäben und Holzbrett).
– Er gab dem Wirt genügend Silberstücke … (Triangel klingeln).
– Er sagte: »Pflege ihn, bitte.« (verschiedene helle Instrumente: Schellen, Triangel).

Nach dem Einüben könnte man das Ganze bei einem Familiengottesdienst vorspielen.
*Material: Orff'sche Klanginstrumente, Topfdeckel, Holzbrettchen usw.*

# 97. Lukas 10, 38-42: Marta und Maria

### 97/1 Geräusche raten

Maria hat genau auf das gehört, was Jesus sagte.
Auf das genaue Hinhören kommt es beim Geräuscheraten an. Die Kinder sehen alle nach vorn, während der Leiter hinter ihrem Rücken verschiedene Geräusche macht. Wer erkennt sie zuerst? (Papier zerreißen, Pappe zerschneiden, Dose mit Kleingeld schütteln, Tischtennisball rollen oder fallen lassen, Lineal auf Tischplatte schlagen, Joghurtbecher zerdrücken, mit Locher und Tacker arbeiten, leere Dose rollen usw.)
*Material: verschiedene Gegenstände (s. o.)*

### 97/2 Was ist das Beste?

Es gibt in unserem Raum viele Dinge, die gut und lebensnotwendig sind. In zwei Gruppen werden sie gesammelt. Dann werden die Kostbarkeiten verglichen und das Beste von jeder Gruppe ausgewählt. Dann folgt ein Gespräch über die Frage. »Was ist wirklich das Beste?«

### 97/3 »Friede-und-Freude«-Verse

Jesus schenkt uns beim Hören auf seine Worte »Friede« und »Freude«.
Wir bilden zwei Gruppen. Die eine Gruppe nennt Bibelverse, in denen das Wort »Friede« vorkommt, die andere Bibelverse mit dem Wort »Freude«. In der Art von »Dalli dalli« ist jede Gruppe abwechselnd dran. Welche Gruppe muss zuerst aufhören, weil sie keine Bibelverse mehr weiß?

# 98. Lukas 12,16-21: Gleichnis vom reichen Kornbauern

## 98/1 Münze suchen

Viele haben nur eins im Sinn: Geld verdienen und Geld vermehren. Sie sind dauernd auf der Suche nach mehr.

Nachdem alle Kinder den Raum verlassen haben, wird irgendwo eine Münze sichtbar hingelegt. Die Kinder sollen sie jetzt suchen. Hat sie jemand entdeckt, setzt er sich, ohne etwas zu sagen an seinen Platz, lässt die Münze aber liegen.

Das Spiel ist zu Ende, wenn alle Kinder sitzen. Der, der zuerst sitzt, hat gewonnen, der Letzte verloren.

*Material: Münze*

## 98/2 Maharadscha-Spiel

Ein Maharadscha hat mindestens vier Diener, die ihm alle Wünsche erfüllen. Er hat ja genug Geld.

Es gibt zwei Gruppen mit je zwei Dienern. Jede Gruppe sitzt in einer langen Reihe. Der Maharadscha wünscht sich einen Gegenstand (zum Beispiel einen rechten Schuh). Nur die vier Diener dürfen loslaufen und sich den Schuh bei ihrer Gruppe holen. Sie dürfen nicht ihren eigenen Schuh nehmen. Mit dem Schuh laufen sie schnell zum Ende ihrer Gruppenreihe. Dort wird der Schuh von einem zum anderen durchgereicht. Der Letzte der Reihe läuft zum »Maharadscha« und gibt ihm den gewünschten rechten Schuh. Der andere Diener bringt den Schuh dem Eigentümer zurück. Dann kommt der nächste Wunsch des Maharadschas. Wer hat ihm die gewünschten Gegenstände am schnellsten gebracht?

*Variante:* Bei einer großen Gruppe bringen die Diener den Gegenstand direkt dem »Maharadscha«. Welche Gruppe ist am schnellsten?

Es sollen Gegenstände sein, die im Raum zu finden sind: z. B. Münze, linker Schuh, Pullover, Strumpf mit einem Loch (wir meinen natürlich das Loch zum Anziehen), etwas Rotes oder Schwarzes, etwas zum Essen, Taschentuch, eine Mutter, einen Vater, einen Mitarbeiter.

Weitere mögliche Ziele bei diesem Spiel: Wir sorgen für unseren Missionar, denn er wünscht sich ... Oder wir hören auf Gott den König und gehorchen ihm sofort, wenn er durch einen Propheten (Mitarbeiter) sagt: »Der König wünscht sich ...«

## 99. Lukas 15,11-32: Der Vater und seine zwei Söhne

Wenn der Vater seine Söhne zu einem großen Fest einlädt, dann sollten auch wir miteinander feiern und die Feier gut vorbereiten.

### 99/1 Kellner mit Tablett

Jede Gruppe versucht, zehn Holzklötze, die hochkant auf einem Tablett stehen, über eine bestimmte Strecke zu transportieren. Fällt ein Klotz um, muss man zurück zum Start.
*Alternative:* Wenn man keine Holzklötze hat, kann man auch gefüllte Streichholzschachteln verwenden. Pro Gang dürfen nur fünf Streichholzschachteln transportiert werden. Sieger ist die schnellste Gruppe.
*Material: pro Gruppe 1 Tablett,*
*10 Holzklötze oder 5 Streichholzschachteln*

### 99/2 Tisch decken

Einem Spieler jeder Gruppe werden die Augen verbunden. Dann wird das gesamte Geschirr und Besteck im Raum verteilt. Die Spieler mit den verbundenen Augen versuchen nun, durch die Zurufe ihrer Gruppe immer ein Gedeckteil zu finden, zu ihrer Gruppe zu bringen und dort den Tisch zu decken. Gewonnen hat die Gruppe, die zuerst ihren Tisch komplett gedeckt hat.
*Material: pro Gruppe jeweils 1 Pappteller, -becher,*
*Plastiklöffel, -gabel, -messer, Tücher*

### 99/3 Spaghetti-Essen

Jede Gruppe erhält Bindfäden einer Farbe. Diese werden im Raum verteilt. Ein Spieler jeder Gruppe versucht nun, die Bindfäden seiner Farbe mit Hilfe des Löffels auf seine Gabel zu drehen (wie beim Spaghetti-Essen). Wer innerhalb von zwei Minuten die meisten Bindfäden auf seiner Gabel hat, ist Sieger.
*Material: pro Gruppe 1 Gabel, 1 Esslöffel, 25 farbige Bindfäden von ca. 70 cm Länge (pro Gruppe eine Farbe)*

### 99/4 Abschlusskonzert

Die Mitarbeiter gurgeln die Melodie eines bekannten Liedes. Die Gruppen müssen herausfinden, um welches Lied es sich handelt, und den Titel auf ihren Zettel schreiben. Man sollte nicht mehr als zehn Lieder nehmen. Die Gruppe, die die meisten Lieder erraten hat, hat gewonnen.
*Material: je Mitarbeiter (max. 3) Glas, Schüssel, Kanne mit Wasser, pro Gruppe Papier, Stifte*

## 100. Lukas 17, 11-19: Die zehn Aussätzigen

Bei aussätzigen Menschen verändert sich die Haut. Darum machen wir zu Beginn einige Spiele zu dem Thema »Haut fühlen«.

### 100/1 Stummes Telegramm

Alle Kinder sitzen im Kreis und halten sich sichtbar an den Händen, nur ein Kind steht in der Mitte. Es darf bestimmen von welchem Kind zu welchem (z. B. von Stefan zu Nadine) ein Telegramm geschickt werden soll. Stefan schickt irgendwann das »Telegramm« per Handdruck an den linken oder rechten Nachbarn ab, möglichst so, dass es das Kind in der Mitte nicht bemerkt, und sagt dann »abgeschickt«. Der Händedruck wird möglichst unauffällig in eine Richtung weitergegeben. Kommt das »Telegramm« bei Nadine an, wird von ihr heimlich ein neues verschickt. Erwischt das Kind in der Mitte das Telegramm auf seinem Weg, so geht das Kind in die Mitte, bei dem der Versand unterbrochen wurde.

### 100/2 Tastboxen

In verschiedenen Kartons, die ein Loch für eine Hand haben, sind verschiedene Materialien, die ertastet werden müssen (Sand, Flüssigkeit, Matsch, etwas Warmes, Eis ...).
*Material: Kartons mit einer Öffnung und verschiedenen Gegenständen oder Materialien*

### 100/3 Hand ertasten

Jeweils ein Kind betastet (mit geschlossenen Augen) die Hand eines anderen: groß/klein, warm/kalt, rau/glatt, auffällige Stellen, Fingernägel spitz/stumpf? Nachher darf der »Blinde« – jetzt sehend – aus drei Händen aussuchen, welche Hand er vorher ertastet hat.
Geprächsrunde: Wie ging's dem Tastenden, wie dem Betasten?

## 101. Johannes 11, 1-46: Auferweckung des Lazarus

### 101/1 Zeit messen

Maria und Marta benachrichtigen Jesus von der Krankheit ihres Bruders, doch Jesus ließ sie warten. Lazarus starb. Wir können uns vorstellen, wie die Zeit für die beiden Schwestern lang wurde, bis Jesus endlich kam.
Auch uns erscheint, die Zeit manchmal endlos, wenn wir auf etwas warten. Jedes Kind darf schätzen, wie lange zwei Minuten sind und sagt »Stopp«, wenn es meint, dass die zwei Minuten vorbei sind. Wer kommt der Zeit am nächsten?
*Material: Uhr mit Sekundenzeiger*

### 101/2 Was ist Jesus für mich?

Jesus sagte zu Marta, dass er die Auferstehung und das Leben sei. Der Leiter hat folgende Bibelstellen (mit Text) auf Karten geschrieben: Johannes 1,29 / Johannes 6,35 / Johannes 8,12 / Johannes 10,9 / Johannes 10,11 / Johannes 11,25 / Johannes 14,6 / Johannes 15,5. Von mehreren Kleingruppen (je drei bis vier Kinder) kommt je ein Kind zum Leiter und liest dort die erste Bibelstelle. Dann kehrt es zu seiner Gruppe zurück und malt dort auf, wie Jesus Christus in diesem Vers bezeichnet wird. Es darf nichts verraten – nur zeichnen. Wer die richtige Bezeichnung sagt, geht zum Leiter und empfängt dort die nächste Bibelstelle.
Am Schluss können die Kinder das aussuchen, was Jesus ganz persönlich für sie ist.
*Material: Karten mit Bibelstellen, Papier, Stifte*

## 102. Markus 14, 3-9: Eine Frau ehrt Jesus

### 102/1 Düfte bestimmen

Wir besorgen uns sechs leere Filmdosen, die verschließbar sind und füllen sie mit Stoffen, die man gut riechen kann. Die Kinder dürfen dann nacheinander mit verbundenen Augen die Stoffe bestimmen (Harzer Käse, Schweinemist, gemahlener Kaffee, Haarwasser usw.).
*Material: Tuch, Filmdöschen, Stoffe (s. o.)*

### 102/2 Salbentransport nach Betanien

Diese wertvollen Stoffe in den Dosen (s. 102/1) müssen so schnell wie möglich nach »Betanien« transportiert werden. Zwei Gruppen bringen im Staffellauf jeweils eine Dose von einer Ecke des Raumes in die andere. Es können auch Hindernisse aufgestellt werden.
*Material: s. 102/1, Hindernisse*

# 103. Johannes 13, 1-17: Die Fußwaschung

## 103/1 Putzlappen-Fußball

Kinder, die zu Hause helfen, können auch mit Schrubber und Putzlappen umgehen. Darum spielen wir Putzlappen-Fußball. An den gegenüberliegenden Seiten des Raumes steht je ein Tor, das aus einem Stuhl besteht. In der Mitte liegt der Putzlappen. Zwei Spieler, bewaffnet mit einem Schrubber, versuchen den Putzlappen in das Tor (das heißt unter den Stuhl) des Gegners zu schieben.
*Material: 2 Schrubber, 1 Putzlappen, 2 Stühle*

## 103/2 Vorbild sein

Jesus hat uns mit seinem Handeln ein Beispiel gegeben. Ähnlich ist es bei dem Spiel »Vorbild sein.«
Alle sitzen im Kreis. Zwei Kinder verlassen den Raum. Nun wird ein Kind gewählt, das alle ohne Worte anleitet, immer wieder neue Bewegungen zu machen. Die zwei Beobachter stehen dann im Kreis und sollen herausfinden, wer die Gruppe zu den neuen Bewegungen anführt. Es gibt viele Bewegungen, die die Gruppe machen kan: Hände reiben, klatschen, mit den Füssen stampfen, mit den Händen über die Haare streichen, tanzen, hüpfen usw. Wer von den beiden findet zuerst denjenigen, der in unserem Spiel das »Vorbild« zum Nachmachen ist?

# 104. Markus 14, 32-65: Gethsemane, Gefangennahme von Jesus

## 104/1 Wächterspiel

Jesus sagte, dass wir wachsam sein sollen.
Ein Kind sitzt mit verbundenen Augen mitten im Raum auf einem Stuhl. Unter dem Stuhl steht ein Gefäß. Von den vier Seiten des Raumes kommen nacheinander vier Kinder, die ein Geldstück in das

Gefäß legen möchten. Wenn der Wächter ein Geräusch hört, zeigt er in die Richtung, aus der das Geräusch kommt, und sagt »Halt«. Das anschleichende Kind muss dort stehen bleiben. Gewonnen hat das Kind, das sein Geldstück in das Gefäß legen konnte. Die Kinder, die vom Wächter gestoppt wurden, bleiben an diesem Platz leise stehen.
*Material: Tuch, Gefäß, 4 Münzen*

### 104/2 Die Flucht

Bei der Gefangennahme Jesu wurde ein Jünger festgenommen. Er riss sich im letzten Augenblick los und ließ ein Kleidungsstück zurück (Markus 14,51-52).
Zwei oder mehrere Gruppen bilden eine Schlange. Sie besteht aus sieben bis acht Kindern, die ihre Arme um die Hüfte des Vordermanns legen. Bei dem letzten Kind steckt am Hosenbund oder Gürtel ein Tuch. Der Kopf der Schlange versucht nun das Tuch am Ende der Schlange zu greifen. Gelingt es dem Kopf endlich, das Tuch zu ergattern, steckt er sich das Tuch in den Gürtel oder Hosenbund und geht zum Ende der Schlange, während der Zweite von vorn zum Kopf wird. (Ein Spiel für eine Wiese möglichst ohne Unebenheiten.)
*Material: pro Gruppe 1 Tuch*

## 105. Markus 14,66-72: Petrus verleugnet Jesus

### 105/1 Das Lügenzimmer

Drei oder vier Kinder kommen nacheinander in den Raum. Sie sollen Beobachter sein.
Ein Beobachter hat die Aufgabe, herauszufinden, was wahr und was gelogen ist. Er darf die Spieler beliebig ausfragen. Er kennt jedoch nicht die Regel, dass abwechselnd gelogen und die Wahrheit gesagt wird. Auf einem Zettel macht er für Lüge und Wahrheit eine Strichliste.

Ein Gespräch über Lügen, wie unsicher man plötzlich ist, sollte sich anschließen. Was ist Wahrheit, was ist Lüge?

### 105/2 Das Irrenhaus

Drei oder vier Kinder gehen vor die Tür. Sie sollen wie Detektive herausfinden, warum ihnen so sonderbare Antworten auf ihre Fragen gegeben werden. Nacheinander kommen sie wieder herein und stellen Fragen.
In der Gruppe wurde zuvor vereinbart, dass immer auf die Frage des Vorgängers geantwortet wird. Die Fragen werden so lange gestellt, bis der Detektiv die Lösung entdeckt.

## 106. Markus 14, 53-65: Falsche Zeugen

### 106/1 Zeugen gesucht

Den Kindern wird ein Bild, auf dem möglichst viele Einzelheiten zu sehen sind, gezeigt. Overheadfolien, Dias oder große Plakatbilder eignen sich dafür.
Dann wird das Bild weggelegt und einige Fragen gestellt, z. B.: Wie viele Kinder waren zu sehen? Welche Tiere? Welche Farbe hatte der Pulli des Kindes im Vordergrund?
*Material: Plakat, Dia oder Overheadfolie*

### 106/2 Augen auf!

Vier oder fünf Detektive verlassen den Raum. Innerhalb weniger Minuten wird an mindestens zehn Stellen etwas verändert, z. B.: Liederbücher, Vasen, Blumen an andere Orte gestellt, Stühle stehen woanders; Bilder werden vertauscht. Nacheinander kommen die Detektive in den Raum. Wer findet die meisten Veränderungen?
Die nächsten vier oder fünf Detektive müssen sehen, was sich bei Personen verändert hat. Hier werden Kleidungsstücke getauscht, die Uhr am anderen Arm befestigt, Schuhe verkehrt herum angezogen, Haarspangen versetzen usw.

### 106/3 Personen beschreiben

Vier oder fünf Detektive erhalten vom Leiter einen Zettel mit Namen von anwesenden Personen. In einem besonderen Raum haben sie fünf Minuten Zeit, diese Personen zu beschreiben. Die Beschreibung wird dann der Gruppe vorgelesen. Hoffentlich ist sie so gut, dass die Personen erkannt werden. (Übrigens handelt es sich durchweg um nette liebenswerte Freunde und Freundinnen!)
*Material: Papier, Stifte*

## 107. Markus 15, 33 - 41: Kreuzigung von Jesus

### 107/1 Pantomimen

Während der Kreuzigung sagten die Leute von Jerusalem: »Anderen hat er geholfen – sich selbst kann er nicht helfen.« Es stimmt, was sie dort unter dem Kreuz sagten. Weil Jesus uns helfen wollte, konnte er sich selbst nicht helfen. So lieb hat er uns.
An Stelle von Gesellschaftsspielen wollen wir dieses Mal an die Menschen erinnern, denen Jesus geholfen hat.
An Kleingruppen von fünf bis acht Kindern werden Zettel verteilt, auf denen die Bibelstellen von Wundern Jesu stehen. Die Kinder versuchen in den Kleingruppen diese Begebenheiten pantomimisch darzustellen. Mitarbeiter helfen den Kindern in den Kleingruppen. Dabei denken wir daran, wie sehr Jesus die Menschen liebt.
Mögliche Wunder, die nachgespielt werden können:
- Markus 1, 40 - 42: Heilung des Aussätzigen,
- Markus 2, 1 - 12: Heilung des Gelähmten,
- Markus 5, 21 - 22.35 - 42: Die Tochter von Jairus,
- Lukas 7, 11 - 17: Auferweckung in Nain,
- Markus 10, 46 - 52: Heilung des Bartimäus.

*Material: Zettel mit Bibeltexten*

## 108. Matthäus 28, 1-15: Die Auferstehung von Jesus

### 108/1 Wächterspiel

Ein Kind (Dieb) verlässt den Raum. Ein anderes Kind wird zum Wächter eines Gegenstandes, der in der Mitte auf einem Stuhl liegt, bestimmt. Alle Kinder (auch der Wächter) stehen im Kreis um den Stuhl herum. Dann wird der Dieb hereingerufen. Er darf nun den Kreis an einer beliebigen Seite betreten und muss versuchen, den Gegenstand zu rauben. Auf dem Rückweg muss er von dem Wächter erfasst werden, der erst in Aktion treten darf, wenn der Dieb den Gegenstand berührt. Da dem Dieb der Wächter nicht bekannt ist, versucht er, diesen durch Foppen herauszufinden, um ungestört fliehen zu können. Ein erfolgreicher Wächter darf den neuen Dieb spielen.
*Material: Stuhl, beliebiger Gegenstand*

### 108/2 Bankräuber

Zwei Wächter bewachen mit verbundenen Augen einen Schatz (Geldbörse – Schachtel oder Ähnliches), der unter einem Tisch liegt. Die Wächter sitzen auf Stühlen vor dem Tisch und schlagen jeden ab, der sich dem Tisch nähert. Jeder Abgeschlagene scheidet aus oder bekommt einen Minuspunkt. Wird der Schatz geraubt, wird er ersetzt und die Wächter erhalten einen Minuspunkt. Wer hat mehr Minuspunkte?
*Material: 2 Tücher, Schatz*

## 109. Lukas 24, 13-35: Die Emmausjünger

### 109/1 Belastet sein

Die Emmausjünger gingen traurig und voller Fragen nach Emmaus. Sorgen und Angst können eine große Belastung sein.

Eine vorgegebene Strecke soll so schnell wie möglich mit einem Spieler auf dem Rücken bewältigt werden.

### 109/2 Nicht erkennen

Jesus wurde anfangs nicht erkannt. Wir erkennen unsere Mitspieler an der Stimme.
Ein Mitspieler bekommt die Augen verbunden und soll an der Stimme mindestens einen der Anwesenden erkennen.
*Material: Tuch*

### 109/3 Charakter erkennen

Pantomimisch werden typische Bewegungen und Gesten einzelner Spieler oder Mitarbeiter dargestellt. Die ganze Gruppe rät.

### 109/4 Buchstabenkongress

Die einzelnen Buchstaben eines Wortes werden auf Zetteln notiert. Die Zettel werden mit doppelseitigem Klebeband oder einer Sicherheitsnadel auf den Rücken eines Kindes geheftet. (Wenn es mehr Kinder als Buchstaben gibt, werden leere Zettel angeheftet.) Durch den Raum laufend müssen die Kinder nun – stumm – das Wort erraten. Wir nehmen nacheinander Wörter aus der Geschichte (Herrlichkeit, Jerusalem, Emmaus). Wer von den Kindern das Wort erraten hat, geht zum Leiter und flüstert es ihm ins Ohr oder notiert es auf einem Blatt Papier. Wenn es richtig ist, erhält es einen Punkt. Wer hat zum Schluss am meisten Punkte?
*Material: Sicherheitsnadeln oder doppelseitiges Klebeband, Papier, Stift*

## 110. Johannes 21, 1-14: Der Auferstandene am See Genezareth

### 110/1 Die Skwitschijagd

Als die Jünger mit ihrem Meister unterwegs waren, hatten sie nie irgendeinen Mangel. Jetzt, nachdem er gestorben und auferstanden war, mussten sie sich selbst um Nahrung kümmern. Sie fuhren

zum Fischfang auf den See Genezareth und kamen enttäuscht zurück.
Wir gehen nicht auf Fischfang, sondern auf Skwitschijagd, die so ähnlich wie die »Löwenjagd«, durchgeführt wird. Sie geschieht in folgender Weise:
Leiter: »Kommt ihr mit auf Skwitschijagd?«
Kinder: »Ja wir gehn auf Skwitschijagd.«
Leiter und Kinder stemmen die Arme hoch: »Wir sind ganz stark.«
Leiter und Kinder wehren mit den Händen ab: »Wir haben keine Angst.«
Leiter und Kinder spreizen die Arme: »Wir haben soooo viele Freunde.«
Leiter erstaunt: »Was ist das?« Kinder wiederholen: »Was ist das?«
Leiter: »Eine Tür.« Kinder wiederholen: »Eine Tür.«
Leiter mit Kindern strecken die Arme hoch: »Da kommen wir nicht drüber«;
zeigen mit den Armen nach unten: »Da kommen wir nicht drunter«;
zeigen mit den Armen zur der Seite: »Da kommen wir nicht vorbei«;
zeigen mit den Armen nach vorn: »Da müssen wir mitten durch.«
Die Tür quietscht beim Auf- und Zumachen, alle rufen: »Quiiiietsch« (natürlich zweimal).
Der Leiter beginnt wieder mit: »Kommt ihr mit auf Skwitschijagd?«; alles wiederholen bis: »Was ist das?«. Leiter: »Ein Pilz!« Dann kommen die Arme in Bewegung (wie oben) usw. Nach: »Da müssen wir mittendurch«, heißt es: »Mampf, mampf, mampf ...«
Nun werden beliebig viele Stationen durchlaufen: Dornen (ritschratsch); See (schwimm-schwimm); Pfütze (patsch-patsch); Sumpf (matsch-matsch). Bei Höhle (tap-tap) folgt ein Skwitschi. Danach wird gequietscht und ganz schnell alle Stationen zurückgelaufen. Nachdem die Tür gequietscht hat, sinkt man erleichtert ins Bett. Dann stellt der Leiter die Frage: »Was ist denn überhaupt ein Skwitschi?« Keiner weiß es, auch der Leiter nicht.
Auf jeden Fall war die Jagd vergeblich.
*Weitere Fischerspiele siehe bei Lukas 5. Zum Beispiel »Ich hab' gefischt, ich hab' gefischt, ich hab' die ganze Nacht gefischt ...«.*

## 111. Apostelgeschichte 1, 1-14: Die Himmelfahrt

### 111/1 Augenzeugen gesucht

Gottes Kinder sind Zeugen von dem, was sie gehört und gesehen haben (Apostelgeschichte 1, 8).

Wir zeigen den Kindern eine Minute lang ein Bild von der Auferstehung Jesu. Dann wird es verdeckt und die Kinder zählen Einzelheiten auf. Dann folgen Bilder von der Himmelfahrt, von Pfingsten, aus der Mission.

*Material: große Bilder der bibl. Geschichte*

### 111/2 Kimspiele

Um etwas richtig weitersagen zu können, muss man alles gut beobachten.

Auf einem Tablett liegen rund zwanzig verschiedene Gegenstände. Nach einer Minute werden die Gegenstände mit einem Tuch zugedeckt und die Kinder schreiben auf, welche Gegenstände sie gesehen haben.

*Material: Tablett mit 20 Gegenständen, Tuch, Uhr, Stifte, Papier*

## 112. Apostelgeschichte 2: Pfingsten

### 112/1 Veränderte Eigenschaften

Gottes Geist erneuert Menschen.

Nachdem ein Kind den Raum verlassen hat, nennt der Leiter der Gruppe eine Eigenschaft, die die Menschen vor und nach der Ausgießung des Heiligen Geistes hatten.

Dann wird die genannte Eigenschaft dem Kind pantomimisch oder in Gebärdensprache dargestellt. Es folgen gegensätzliche Eigenschaften: Angst – Mut, Trauer – Freude, zanksüchtig – friedensstiftend usw.

## 112/2 Gottes Gaben in der Gemeinde

Tätigkeiten oder Berufe werden von den Kindern pantomimisch dargestellt, während drei Jungen und drei Mädchen die Gruppe beobachten und die Tätigkeiten oder Berufe, die man hinter ihnen auf Plakat oder Overheadfolie lesen kann, raten. Die Anfangsbuchstaben ergeben das Wort »Gemeinde«, die uns Gott durch die Ausgießung des Heiligen Geistes geschenkt hat.

1. **G**ärtner – Glieder der Gemeinde sorgen für die Außenanlagen und den Blumenschmuck.
2. **E**rzähler – Kindern werden biblische Geschichten erzählt.
3. **M**usikanten – Lieder werden auf Klavier, Flöten, Gitarren, Geigen begleitet.
4. **E**inladen – Zu den Gemeindestunden werden Gäste eingeladen und mitgebracht.
5. **I**nterview geben – Gemeindeglieder erzählen, was sie erlebt haben.
6. **N**ähen – Tabea nähte viele Kleider (Apostelgeschichte 9,39).
7. **D**ienstmädchen – Putzdienst in der Gemeinde.
8. **E**isverkäufer – Beim Gemeindefest über nimmt ein Gemeindeglied das Amt des Eisverkäufers.

Wenn das Wort »Gemeinschaft« erraten werden soll, kann man noch folgende Berufe/Tätigkeiten vorstellen:

9. **Sch**reiner – praktische Reparaturarbeiten im Gemeindesaal.
10. **A**rzt – Gemeindeschwester oder Pfarrer macht Krankenbesuche.
11. **F**ürbitte – Gebetskreis.
12. **T**urnen – Sportgruppe (Fußball oder Volleyball) zeigt ihr Können bei Gemeindefesten.

*Material: Plakat oder Overheadfolie*

# 113. Apostelgeschichte 3: Heilung eines Gelähmten

## 113/1 Hüpfen im Wettlauf

Allen Spielern werden die Beine mit Tüchern zusammengebunden. Wer erreicht am schnellsten die andere Seite des Raumes, ohne zu stürzen.

*Material: viele Tücher*

## 113/2 Sitzfußball

Mit Tischen oder Stühlen werden im Raum zwei Tore markiert. Der Zwischenraum wird für ein Fußballspiel freigeräumt. Alle Kinder spielen ohne Schuhe. Als Bälle werden ein oder mehrere Luftballons oder große Schaumgummibälle verwendet.

Man darf sich nur sitzend fortbewegen. Handspiel, Aufstehen und Laufen ist nicht gestattet. Eine Halbzeit sollte nicht länger als fünf Minuten dauern. Danach sind Pausen angebracht.

*Variante:* Es geht auch ohne Torwart. Zwei Gruppenleiter zählen auf jeder Seite die Tore und werfen den Ball/Ballon zurück.

*Material: Luftballons oder Schaumgummibälle, 2 Tische, 2 Stühle*

## 113/3 Hipp-Hopp

Der gelähmte Mann hat sehr aufmerksam zugehört, als Petrus mit ihm sprach. Darauf kommt es auch bei diesem Spiel an.

Es gibt zwei Befehle. Bei »Hipp« gehen alle in die Hocke, bei »Hopp« stellen sich alle hin. Der Spielleiter, der die Befehle gibt, darf es selbst verkehrt machen, um die anderen zu irritieren.

Es kommt also darauf an, genau hinzuhören und sich nicht ablenken zu lassen. Wer einen Fehler macht, scheidet aus.

## 113/4 Reporterspiel

Ein Reporter der »Jerusalemer Post« befragt verschiedene Leute:

– den Geheilten,
– Freunde des Geheilten,
– den Sprecher des Hohen Rates,

– einige Tempelbesucher, die alles gesehen haben,
– Petrus und Johannes.

## 114. Apostelgeschichte 4: Petrus und Johannes vor Gericht

### 114/1 Die beste Werbung

Petrus und Johannes waren von ihrem Auftrag gepackt. Sie waren von Jesus begeistert. Wer für eine Sache werben will, muss davon überzeugt sein, dass sie gut ist.
Es liegen verschiedene Gegenstände auf dem Tisch. Die Kinder werden in Kleingruppen aufgeteilt. Sie suchen sich den Gegenstand aus, den sie anpreisen wollen und bekommen zehn Minuten Zeit, sich darauf einzustellen. Gegenstände: Uhr, Skateboard, bestimmtes Buch, Lexikon, Anorak, Schmuck usw. Zu diesen Dingen müssen sich die Gruppen jetzt Werbeslogans einfallen lassen, die sie später vortragen.
*Material: div. Gegenstände, Papier, Stifte*

### 114/2 Fangfragen

Bei Gericht kann es sein, dass Fangfragen gestellt werden. In unserem Spiel geht es darum, dass ein Kind einem anderen Fragen stellt (oder ein Mitarbeiter stellt die Fragen). Dabei darf der Antwortende nicht die Worte »ja, nein, schwarz, weiß« benutzen. Das »Verhör« dauert eine Minute, es sei denn, er verspricht sich vorher. Derjenige, der die Fragen stellt, darf natürlich solche wählen, auf die man eigentlich mit den genannten Tabuwörtern antworten müsste. Wer hält die eine Minute durch?
*Material: Uhr*

# 115. Apostelgeschichte 6,1-7: Sieben Helfer für die Apostel

In einer immer größer werdenden Gemeinde werden viele Mitarbeiter benötigt. Wir machen einen Eignungstest und stellen fest, wer gemäß seiner Gaben für die Aufgaben geeignet ist.

**115/1 Mitarbeiter für Kindergottesdienst oder Jungschar**
Der Mitarbeiter für Kindergottesdienst oder Jungschar begeistert Kinder wie der Rattenfänger von Hameln.
Zwei Bewerber stehen in der Mitte des Raumes. An zwei gegenüberliegenden Seiten stehen die gleiche Anzahl Kinder nebeneinander. Die Bewerber laufen zu einem Kind, verbeugen sich vor ihm und dieses Kind hält sich an der Hüfte des Bewerbers fest und läuft mit ihm zur gegenüberliegenden Seite zum nächsten Kind. So entsteht eine Schlange. Welcher »Rattenfänger« hat die meisten Kinder?

**115/2 Hausmeister**
Ein Hausmeister sollte wissen, wo er für die Gemeinde schnell die preisgünstigsten und besten Gegenstände besorgen kann.
Es gibt zwei bis vier Bewerber. Jeder muss die Gegenstände, die der Leiter auf einer Liste notiert hat, so rasch wie möglich auf seinen leeren Stuhl vor dem Leiter legen. Alle übrigen Kinder dürfen sich nicht von ihren Plätzen bewegen. Sie dürfen von dort aus aber alle Bewerber gleichmäßig anfeuern. Gewünschte Gegenstände: linker Schuh, Papiertaschentuch, blondes Haar, Münze, etwas Knallrotes, etwas Kreisrundes, zwei zusammengebundene Schuhe usw. Wer die Gegenstände am schnellsten gesammelt hat, wird Hausmeister.
*Material: Stühle*

**115/3 Chorleiter**
Ein Chorleiter muss viele Lieder kennen.
Ein Mitarbeiter spielt die Melodien von verschiedenen bekannten Liedern auf Klavier oder Flöte oder summt sie vor. Wer am schnellsten die meisten Lieder erkannt hat, wird Chorleiter.
*Material: Instrument (s. o.)*

**115/4 Kassierer**
Der Kassierer kennt sich mit Geld aus.
Ein Mitarbeiter hat einen Plastikbeutel mit verschiedenen Münzen. Die Bewerber schätzen den Gesamtwert der Münzen. Wer dem Betrag am nächsten kommt, wird Kassierer.
*Material: Beutel mit Münzen*

**115/5 Seelsorger**
Ein Seelsorger kann schwierige Verhältnisse durchschauen und löst mit der Hilfe Gottes feinfühlig komplizierte Probleme.
Es werden zwei bis vier Bewerber zugelassen. Jeder sitzt auf einer am Fußboden liegenden Flasche und muss einen Faden in eine Nähnadel fädeln.
*Material: Flaschen, Nähnadeln, Fäden*

**115/6 Prediger**
Ein Prediger ist sprachgewandt. Darum kann er auch schwierige Sätze gut ohne Stocken und Fehler aussprechen.
Die Bewerber sagen viermal hintereinander: »Wachsmaske – Messwechsel«. Oder: »Blaukraut bleibt Blaukraut und Brautkleid bleibt Brautkleid«. Natürlich wird die Zeit gestoppt und die Fehler gezählt.
*Material: Uhr*

**115/7 Gemeindeleiter**
Der Gemeindeleiter sollte die Übersicht über alles haben und muss möglichst alle Fäden in seiner Hand halten.
Im Raum sind schon vor Beginn der Veranstaltung mehr als hundert Fäden ausgelegt worden. Nun heißt es: Wer die meisten Fäden sammelt, wird Gemeindeleiter.
*Material: Fäden*

# 116. Apostelgeschichte 8, 26-40: Philippus und der Finanzminister

Philippus ging genau den Weg, den der Engel ihm gesagt hatte. In der Nachfolge Jesu geht es immer um einzelne Schritte, die wir gehen sollen. Doch manchmal werden unsere Schritte durch irgendetwas gehemmt.

## 116/1 Erschwerte Schritte

Jeder bekommt zwischen die Knie einen Tischtennisball geklemmt. Nun muss eine bestimmt Strecke möglichst schnell zurückgelegt werden (evtl. mit Hindernissen).
Frage: Was hindert uns in der Nachfolge?
*Material: Tischtennisbälle, evtl. Hindernisse*

## 116/2 Unbeachtete Schritte

Auf dem Boden liegen viele schöne Kalenderbilder oder Fotos aus Illustrierten. In jeder Hand wird ein Bleistift oder Holzstäbchen gehalten, worauf ein Tischtennisball gelegt wird. Auf diese Art muss eine bestimmte Strecke über die Bilder hinweg zurückgelegt werden. Der Tischtennisball darf nicht mit der Hand berührt werden und natürlich auch nicht herunterfallen.
Auf unserem Weg zum Ziel beachten wir oft nicht, was für unser Leben wichtig ist (schöne Landschaften, Menschen auf den Fotos). Wir gehen achtlos daran vorbei.
*Material: Kalenderbilder, Zeitschriften, Tischtennisbälle, Holzstäbchen*

## 116/3 Der Treffpunkt

Der Finanzminister und der Evangelist trafen sich in einer ganz einsamen Gegend an einem bestimmten Punkt.
In unserem Spiel ist der Punkt die Mitte einer Pappscheibe, die an der Wand befestigt ist. Der Spieler steht drei bis fünf Meter von ihr entfernt und bekommt die Augen verbunden. Er wird einige Male

gedreht und darf dann losgehen, um den Punkt mit seinem Zeigefinger zu treffen. Wer trifft den Punkt am schnellsten oder kommt ihm am nächsten?
*Material: Pappe, Tuch, Uhr*

### 116/4 Das Treffen

Zwei Kinder sollen sich mit verbundenen Augen treffen. Sie werden einige Male mit verbundenen Augen gedreht. Dann strecken sie ihren rechten Arm aus, um den anderen zu suchen. Man kann sie auch durch leises und lauter werdendes Klatschen leiten.
*Material: 2 Tücher*

### 116/5 Personenraten

Der Finanzminister sollte von Jesus hören und ihn kennen lernen. Wir wollen uns kennen lernen und herausfinden, von welcher Person der Leiter spricht. Er beschreibt ein Kind. Die Kinder finden (evtl. durch zusätzliche Fragen) heraus, wen der Leiter meint.

## 117. Apostelgeschichte 9: Bekehrung des Saulus

### 117/1 Gefangennahme

Saulus hatte sich vorgenommen, viele Christen gefangen zu nehmen. In diesem Spiel geht es darum, dass viele Kinder gefangen genommen werden.
Die Spieler stehen sich in zwei Reihen gegenüber. Die Gruppenleiter jeder Reihe bestimmen abwechselnd, welches Kind zur gegenüberliegenden Reihe laufen darf. Es muss drei Schläge auf die offen gehaltenen Hände der gegnerischen Gruppe geben. Beim dritten Schlag muss es zur eigenen Reihe zurücklaufen. Wird es von dem zuletzt abgeschlagenen Kind auf dem Weg zurück gefangen, stellt es sich hinter dieses Kind. Wird es nicht gefangen, ist der Abgeschlagene der Gefangene und stellt sich hinter dem Läufer auf. Wer hat die meisten Gefangenen?

### 117/2 Zimmersuche

Als Saulus nach der Begegnung mit Jesus blind geworden war, fand er eine Bleibe in der »Geraden Straße« bei einem Jünger.
Bei unserer Zimmersuche sitzen wir im Kreis. Ein Kind geht umher und fragt: »Hast du ein Zimmer frei?« Antwortet das angesprochene Kind mit »Nein«, muss der Zimmersuchende weitergehen und ein anderes Kind fragen. Es darf nicht mehr als dreimal hintereinander mit »Nein« geantwortet werden. Lautet die Antwort »Ja«, fragt der Zimmersuchende: »Für wen hast du ein Zimmer frei?« Nun muss der Vermieter sich eine Bedingung überlegen, z. B.: »Für alle, die eine Armbanduhr tragen«; oder: »Für alle, die blaue Pullover tragen« usw. Die Kinder, auf die die Antwort zutrifft, müssen nun blitzschnell ihren Platz verlassen und sich einen anderen Stuhl suchen. Auch der Zimmersuchende versucht einen freien Platz zu ergattern. Derjenige, der in der Mitte übrig bleibt, geht als nächstes auf Zimmersuche.

## 118. Apostelgeschichte 13; 14, 8-20: Aussendung und Reisen des Paulus

### 118/1 Dreibeinlauf

In der Regel war Paulus auf seinen Missionsreisen nie allein. So wurden Paulus und Barnabas in Antiochien gemeinsam zur ersten Missionsreise ausgesandt.
Bei unserem Dreibeinlauf wird das linke mit dem rechten Bein des Partners mit einem Tuch aneinander gebunden. Es wird mit einem weiteren Paar um die Wette gelaufen, dabei ist es wichtig, dass man im Gleichschritt läuft. Welches Paar erreicht zuerst das Ziel?
*Material: Tücher*

### 118/2 Von Stadt zu Stadt

Auf den Missionsreisen ging es von Stadt zu Stadt.
Alle sitzen im Kreis und haben ein Schild mit dem Namen einer Stadt, in der Paulus war. Nur einer steht im Kreis, weil er keinen Platz

hat. Der Leiter sagt nun: »Paulus reiste von Antiochia nach Salamis in Zypern.« Die Spieler der beiden Städte tauschen schnell ihre Plätze. Der Spieler in der Mitte versucht, einen der beiden zu fangen. Gelingt es ihm, bekommt er das Städteschild und darf sich setzen.
Sinnvoll ist es, wenn an der Wand eine große Karte der Missionsreisen von Paulus hängt.
*Material: Schilder mit Städtenamen*

## 119. Apostelgeschichte 16,16-32: Paulus und Silas im Gefängnis

### 119/1 Flöhe hüten

Der Kerkermeister von Philippi hatte dafür zu sorgen, dass keiner seiner Gefangenen entkommen konnte.
Einem Spieler werden die Augen verbunden. Er ist der Flohhüter.
Alle anderen Spieler sind die Flöhe, die ihm entkommen sind. Die Flöhe hüpfen mit geschlossenen Beinen auf einer nicht zu großen Spielfläche. Der Flohhüter versucht, die Flöhe abzuschlagen. Diese sind dann gefangen und setzen sich an den Rand der Spielfläche. Da Flöhe nicht allzu stark sind, dürfen sie insgesamt nur fünf oder zehn Sprünge machen, danach können sie nur noch still auf einem Fleck hocken. Der letzte freie Floh wird Flohhüter.
*Material: Tücher*

### 119/2 Der Ausbruch

Gefangene versuchen immer wieder mal, aus dem Gefängnis zu fliehen.
Ein Spieler steht in der Mitte eines Kreises, der von Spielern gebildet wird, indem sie die Arme über die Schulter ihres Nachbarn legen. Dieser Kreis ist die Gefängnismauer. Ob der Ausbruch gelingt?

# 120. Apostelgeschichte 27: Der Schiffbruch

## 120/1 Sonne, Schiff und Sturm

Der Leiter erzählt eine Geschichte von einer Schiffsreise. Bei dem Wort »Sonne« legen sich alle Spieler auf den Boden, um sich zu sonnen. Bei dem Wort »Schiff« begeben sich alle aufs Schiff, d. h. sie und stellen sich auf ihren Stuhl. Bei dem Wort »Sturm« stellen sich alle schützend ganz eng zusammen.

## 120/2 Schiff versenken

In einer Schüssel schwimmt ein kleines Papierschiff. Jeder Spieler träufelt nacheinander ein oder mehrere Tropfen Wasser auf das Papierschiff, ohne dass es untergehen darf.
Pech hat am Schluss derjenige, bei dem es doch passiert.
*Material: Schüssel mit Wasser, Papierschiff, Pipette*

## Quellenhinweis

| | |
|---|---|
| Spiele 8/1-2 | Jumat 22a |
| Spiele 10/1-2 | Jumat 22a |
| Spiele 51/1-3 | Jumat 28 |
| Spiele 67 | Jumat 33 |
| Spiele 69 | Jumat 33 |
| Spiel 108/1 | Jumat 3 |